ゆがめられた目標管理

【復刻版】

一倉 定

復刻に寄せて

本書は『マネジメントへの挑戦』に続く、一倉定の初期著作シリーズの復刻版二作目である。原書の発行は、『マネジメントへの挑戦』から四年がたった一九六九年、執筆は前年の一九六八年。当時の著者の問題意識は、第7章の最後に書かれている。「企業は生き残らなければならない。それが近時、非常にむずかしくなってきた。かつては倒産といえば、不景気によるものが多かった。しかし、この二〜三年は景気に関係なく、倒産は増加の一途をたどっている」。

「いざなぎ景気」のさなかにあり、日本のGNP（国民総生産）が旧西ドイツを抜いて、米国に次ぐ世界第二位になったのも、この一九六八年だった。しかし、個々の企業活動においては競争の激化や人件費の高騰などにより、本書でも例示されているように大型倒産が相次いだ。そうした時代の変質を受け、マネジメントの見直しが問われていたときに、中小企業を中心に経営者の救世主となったのが一倉定だった。

本書のテーマは、目標管理である。変質する経営環境の下で、なぜ目標管理に焦点を当てたのか。その理由は本書の随所にあらわれている。

「企業というものは、放っておけば赤字になり、倒産するようにできているのである。それを黒字にもってゆき、存続させなければならないのが経営者なのである」「すぐれた目標は『生き残る条件』をもとにし、凡備な目標は過去の実績をもとにしてたてられる。すぐれた目標は会社の存続と発展を約束し、凡備な目標は会社を破綻に導くのだ」「目標は上司の決意であり、チェックは執念のあらわれである」——。

生きるための目標をたてる。これが著者の揺るぎない主張である。文中の「会社が楽しいところである必要は毛頭ない」といった言葉だけを見れば眉をひそめる向きもあるだろうが、会社がつぶれてしまっては何も実現できない。組織の人間関係を良好にするのが経営ではなく、目標達成に向かって努力し、不可能に思えることを可能にすることを通して、本当の楽しさを享受できるというのが、著者の真意であろう。子息による巻末の寄稿にあるように、幾度も倒産を経験した著者だからこそ建前論抜きで語ることができるマネジメントの本質である。

人間の営みである経営というのは、あまたの企業の失敗を経て、基本的には時間と共に進化するものだと思う。しかし、五〇年以上前の本書の内容は、現代に書かれた新刊書と見まがうほどの新鮮さを有する。この事実をどう受け止めればいいか。ともあれ、時代に左右されない経営の本質を突いていることの証左であることは確かである。

日経トップリーダー編集部

まえがき

筆者は、過去において技報堂から二冊の本を出している。一冊は〈あなたの会社は原価計算で損をする〉であり、もう一冊は〈マネジメントへの挑戦〉である。どちらも従来の考え方をぶち破る意図のもとに書かれた。

いままた、アンチ目標管理の主張をこの本で述べようとしている。ずいぶん、あまのじゃくである、と自分でもおかしくなる。

しかし、何も好んで逆説ばかりとなえているわけではない。筆者の経営に対する信念から生まれる主張が、逆説になってしまうだけなのである。

〝企業は戦争である〟、そして、〝このままでは企業はつぶれる〟というのが筆者の認識である。企業をつぶす最大の要因は客観情勢である。その客観情勢の圧力に対抗して生き残る道を探し求めているうちに、自然に生まれてきた筆者の考えなのである。それが従来の考え方とぶつかるのである。

世に行われている目標管理の理念も、筆者にはがまんがならないのだ。

そこには、きびしい現実への自覚もなければ、実戦の知恵もなく、きれいごとの観念論と、愚にもつかない分類学を、ほんわかムードの人間関係論で煮こんでしまっている。

経営のケの字もない。次元の低い目標管理のテクニックを、経営のためと思って企業に導入し、いくたの混乱をひき起こしている現実を、目のあたりにし、あまりにも多く見せつけられると、黙っているわけにはいかなくなる。

ここにあえて毒舌をもって、現在の目標管理の誤りを指摘するとともに、筆者が真の姿と信ずるものを、ここに述べることにしたのである。

筆者の主張は、筆者が現実に目標による経営の推進を援助しているいくつもの企業においての実際の経験から生まれたものであって、頭の中で、でっちあげた空論ではない。そこには、血の出るような苦労をしている企業体の人びとから教わった、尊い教訓がいくつもいくつも含まれているのだ。

賢明な読者が、この小論の中から何かをつかみとっていただけたら、幸いである。

昭和四三年九月　　一倉　定

（注）本書の初版は一九六九年一月一〇日発行の『ゆがめられた目標管理―企業目標とその展開―』（技報堂）である。企業の社名や売上高などの数字は初版時のものである。参考までに貨幣価値は、当時の1円が現代のおよそ三・五円の価値に相当する。また、読み進める上で補足が必要と思われる部分は各章ごとに注釈を付けた。その他、文意を変えない範囲で一部表記を変えた箇所もある。現代においては差別的とみられる表現などは削除・修正した。

ゆがめられた目標管理

目次

1章

経営不在の目標管理

1・1 ある困惑

「うちでも目標管理を導入していますが、困ったことがあります。それは、社長から割りつけられた目標と、各部門で自らたてた目標が食い違うのです。社長の目標がムリなのか、部門の自主的な目標があまいのか、どちらかわかりませんが、目標が二つあるのはおかしいし、現実には社長から割りつけられた目標が優先する。そうすると、部門の長は、〝われわれの意向を無視した押しつけは困る〟というのです。いったい、どうしたらいいのでしょうか」

ある会社の研修室長の質問である。この質問が、現在わが国に広まっている目標管理の理念の矛盾から生まれる混乱を、端的に物語っている。

この会社は、長期にわたって赤字続きであり、社長と副社長はその責任を負って退陣し、常務であった人が社長の椅子について、必死の挽回策を講じているその最中にこれである。社長の意図と成員の考え方に大きなギャップがあるのだ。（＊1）

この質問に対して、筆者は次のように答えた。

「社長の設定した目標が、どのようなものであるかは知らない。しかし、その目標は、会社を立てなおすために、おそらくは、幾十夜にもわたり、眠ろうとしても眠れない苦悩の末に、血の出るような思いで決定されたものであることは間違いない。その決定までに、社長は考えられるかぎりのすべての事柄について考え抜いているはずである。

会社の赤字を逆転して黒字にもってゆくためには、あまりにも多くの客観的・主観的な障害や大きな制約があり、どの障害と妥協し、どの制約には譲歩するかを検討しつくし、これ以上妥協したら黒字転換はできない、というギリギリ、後へは引けない線を打ち出しているのだ。ムリであるとか、ないとかの問題ではないのだ。やり抜くよりほかに会社の生きる道はないのだ。

それに反して、各部門の長が自主的に設定した目標は、苦心はしたであろうが、会社を立てなおすために、幾十夜にもわたり眠ろうとしても眠れない苦悩の末に打ち出した目標でないことはたしかである。あまい目標がその証拠だ。常識的な苦心しかしないで、社長の大苦悩の末に打ち出した目標を批判すること自体間違っていやしないか。

あなたの会社は赤字なのだ。ぐずぐずしていたらつぶれるぞ。部門の長がやらなければならないのは、社長の設定した目標を批判することではない。社長の打ち出した目標を達成するために、死にものぐるいになって働くことなのだ」

研修室長は、筆者の言を理解してくれた。そして、「事態の認識がたりず、社長の意図の理解がたりなかった」と反省された。りっぱなかたである。

「目標を部下に割りつける」といいながら、他方では「自ら目標をたてる」という指導理念の矛盾が、上記のような混乱を随所で起こしているのを、目標管理の先生がたは、まったくご存じないのだ。

もう一つ別の例をあげよう。

ある会社で目標管理を導入したけれど、現場からいろいろな批判や反発があって、円滑に受け入れられないのである。その理由は何かというと、主なものをあげてみると、

1　目標でなくて、ノルマだ。われわれは、きびしいノルマの達成にがんばっているのだ。

2　個人目標は会社目標と統合できない。

3　ミスを許せというが、小さいミスも許されないのだ。

4　目標をたてても何にもならん。あまりにも不安定要素が多すぎる。

いちいちもっともである。きびしい現実の中で、血みどろになって働いている人びとに、ほんわかムードの観念的目標管理論を導入するから、このような反発を食うのだ。これは、目標管理を推進している企業内の担当者が悪いのではない。観念的目標管理を企業体に売りつけている〝偉い先生がた〟が悪いのである。

以上のような現場の反発に対して、目標管理の指導理念は、何の説明もできないのである。何しろ、「目標はノルマではない。上から押しつけてはいけない。自ら目標をたてさせる。多少の誤りは大目にみる。自ら業績を評価させる……」というような指導理念と真向から対立するのだから、疑問を解明してやるということとは事柄が別である。理念が根本的に違うのだ。

1・2 形をかえた人間関係論

目標管理の意図するところ、つまり「きびしい企業環境に対処して企業が期待する成果を達成するため」ということは、まことにそのとおりであり、そのために「企業内の人びとが、それぞれ高い目標をかかげて、その達成のために自由に活動し、創意を発揮するように指導する」という指導理念には、もろ手をあげて賛成する。

とにもかくにも、マネジメントの理論が、客観情勢に目を向けはじめたのは、まことに結構であると喜んだのもつかの間、それはヌカ喜びになってしまったのである。

というのは、現在の目標管理の哲学と指導理念が、りっぱなうたい文句とはうらはらに、それとはまったく別のものになってしまっているからである。まさに現代版「羊頭狗肉」である。

その原因は、「企業の目標の本質」に対する偉い先生がたの認識不足にあるといえよう。

目標とは「期待する結果」である、と定義づけされている。言葉の定義づけとしては、そのとおりである。しかし、たんなる言葉の定義づけに終わってしまって、本質に対する掘り下げが、ぜんぜんなされていないのは、まことに残念なことである。というよりは、それは企業を知らないためにできないのだ、といったほうがより適切であろう。

だから、言葉の定義づけを、そのまま〝個人の目標〟にあてはめ、〝個人目標の管理〟にでもしてしまうよりほかないのである。それだけでは、あまりに芸がないので、お得意の分類学を使って、個人中心型・組織中心型・成果中心型などに分類し、形をととのえるのである。小細工だけは、まことにみごとな腕前というほかない。

そして、目標は「自らたてさせる」ようにしなければ、「必ず敵意・反対・口実が生まれる」(エドワード・C・シュレイ)という伝統的な人間関係の教えを、まっさきに導入してしまうのである。それから後はもう、ひたすら人間関係論一本に指導理念がしぼられ、徹頭徹尾人間関係論という砂糖で煮こんでいる。だからこれを食べると血液が酸性化してドロドロになり、企業の健康がそこなわれるのである。

いわく、「目標は公正で納得のいくものでなければならない」「目標はノルマではない」「上から押しつけるのではなく、各人の自発的意志に基づいてたてる」「上下のコミュニケーションによって、良好な人間関係醸成の過程から目標が設定される」「上司が目標を設定する際に部下を参画させる」「目標は各人の能力に応じた適当な高さのものでなくてはならない」「結果はまず本人のチェックによる自己反省が必要である」など、あとからあとから際限もなく出てくるのである。

そこにはもう、「きびしい企業環境や企業の目標」という最初のうたい文句はどこかへおき忘れてしまって、ひたすら部下との人間関係をよくする指導のやり方に終始してしまっている。完全に本道からそれてしまっているのである。

というのは、実はバカ正直の見方であって、本当は、はじめから企業環境など眼中にないのである。ただ、そういうふれこみにすれば、目標管理がいかにも新しく、時代にマッチした考え方のようにみえるから、うたいあげるだけのことなのである。

だから筆者は、現在の目標管理は、「新しい衣をまとった、古い人間関係論」がその本質であるというのだ。

1・3 自主設定では客観情勢に対応できず、企業目標にも合致しない

目標管理では、「客観情勢の変化に対応する」といいながら、一方では個人の自主的な意志に基づいて設定するという。こんな器用なことができるわけがない。

そもそも、企業体の人びとの関心は、企業体の内部に向けられているのが普通である。つまり、自分に与えられた職務の遂行である。

客観情勢の変化を見きわめて、それを自らの企業に結びつけ、わが社はどうすべきか、その中で自分は何をすればよいか、を考えられるほど広い視野をもち、高い次元で物を考えられる人は、トップ層と、それに近いごく少数の人びとのみに望めるだけである。もしもそのようなりっぱな人が、それ以外にいるならば、それはむしろ異例であり、その企業体は幸運だと思わなければならないのである。

ひたすら、日常の仕事のことを考えている人びとに向かって、「仕事に焦点を合わせず、結果

に焦点を合わせよ」というのは結構であり、それが本当である。そして、それは従来の仕事に焦点を合わせた指導の誤りを正した。

しかし、そのような人びとに向かって、「自ら目標をたてよ」といってみても、それは自分に与えられた仕事についての目標がたてられるだけであって、客観情勢に対応する目標がたてられるものではない。

そのような目標を全社でたててみても、それは「全社の個人目標の合計」ではあっても、「企業の目標」とは、まったく別のものである。

こうした矛盾が生ずるものだから、「上司が期待する目標を、あらかじめその人に示す」とか、「立案は各人にさせるが、決定は上司が行う」というような、苦しいコジツケが行われるのである。

いくらこのような対策をとってみたところで、もともと客観情勢に関心のない者が、上司の意図をよく理解できるわけがない。その上司さえ、客観情勢に関心をもっているかどうか、はなはだ疑問なのである。

そのような人びとが、自由意志に基づいて目標をたてるかぎり、「客観情勢に対応する目標」をたてることはできない相談であり、「企業目標」とはぜんぜん別のものである。

まだある。目標は「個人の能力に応じた実現可能なもの」でなければならない、というのだ。ところが、目標とはもともと、「客観情勢の変化に対応するためのもの」だといちばん先にうたってある。この二つの教えから導き出される結論は、「個人の能力に応じた実現可能な目標をたてれば、それは客観情勢の変化に応じた目標になる」ということになってしまう。実に不思議な論理である。

以上述べてきたように、数々の矛盾した論理をもっともらしくとなえているから、これを真に受けて、実施に移した企業で混乱が起こるのである。

「個人目標は全社目標と合致しない」という前掲の反論が起こるのがあたりまえであり、「個人の能力に合わせた目標」で企業環境の変化に対応できるのなら、つぶれる会社は一つもないのだ。

きれいごとの目標管理は、しょせん経営不在の観念論にしかすぎないのである。

1・4 アクセサリーの企業目標

つぎに、企業の目標についてである。目標管理では、個人の目標は、企業の目標から導き出されるとか、一致しなければならないとかいって、企業の目標をもち出してくる。その説明としてあげられるのが、ドラッカーの「事業目標の八つの領域」（同氏の著書『現代の経営』の中にある）である。つまり、市場における地位、革新、生産性と寄与価値、物的資源と財源、収益性、経営担当者の能力および育成、労働者の能力および態度、社会に対する責任である。

これをあげるのはいい。しかし、もともと経営のケの字も知らない先生がたに、企業の目標などといってみても、口でいうだけで、それがどんなものか、わかるはずがない。もち出してはみたものの、正体がわからないのだからどうにもならない。

そこで、「目標を明確にする必要性を説いている」程度のことでお茶をにごし、さっと身をかわしてしまう。まことに鮮かなものである。こういう人は政治家になるのがいいと思う。すばらしい料理を目の前にはこぼれて、さてどうして食べるか、を教わろうとしているひまに、「これが料理というものである」とだけ説明されて、引っこめられたようなものである。食べ方の説明ができないのだから、引っこめるのが上策なのである。

事業の目標とは何か、それをどのように理解すべきか、それを目標管理と具体的にどう関連させたらいいのか、ということこそ、実は目標管理にとって根本的な「問い」なのである。

個人の目標といっても、企業の目標あっての話である。企業目標のない個人目標など、ナンセンスものである（むろん、企業目標がなくとも個人目標はある。しかし、それはあくまでも個人の生き方のことであって、企業体のことではない。そして、ここで論じられているのは企業のことなのである）。個人は、企業目標達成のために必要なのであって、個人目標のために企業があるのではない。

だから、少なくとも役職者になれば、「企業経営の全般」についての理解はムリとしても、企業の目標についての基本的な理解はもたなければならないのである（これについては第3章に詳述してある）。しかも、それはそれほどむずかしいものではないのである。

たとえば、八つの領域のうち、「市場における地位」についてみても、占有率に関する認識をもち、限界生産者に落ちこむ危険を知っただけで、産業界の競争に対する新しい目がひらけ、トップの意図の理解が容易になることは、筆者の講座で、目標の説明を受けた受講者のその後の態度に、ハッキリとあらわれているのをこの目で確かめてある。

こうなって、はじめて上から割りつけられる目標が理解でき、自らの意志で実現可能な目標を設定しても、それが占有率上昇に結びつかないならば、単なる自己満足にしかすぎないことを自覚することができるようになるのである。

それにもかかわらず、目標管理では、企業の目標は単なるアクセサリーとして、引立て役の立場にしかすぎないのである。まったくの本末顛倒である。

目標管理は、まず企業の目標に対する理解と認識から入らねばならず、この土台の上に目標管理が積み上げられなければならないのである。

＊1　成員とは、構成員のこと

2章

目標の本質

2・1 小松製作所のⒶ作戦

企業の目標の本質を理解するのに、きわめてわかりやすい実例がある。小松製作所のⒶ作戦である。

かつては北陸のボロ会社にすぎなかった小松製作所は、建設機械の主力製品といわれるブルドーザーを自力で育てあげた。現在では、アメリカのキャタピラー社についでインターナショナル・ハーベスター社（アメリカ）と第二位を争い、ヨーロッパのメーカーを押さえているのである（＊1）。

その成長の秘密は、すぐれた経営者、販売力、技術力に加えて、会社をあげての血みどろの努力である。そして、それを端的に物語っているのが、このⒶ作戦である。

昭和三六年のことである。当時、小松製作所のブルドーザーは、建設機械ブームにのって売れて売れて笑いのとまらなかった、その最中のことである。

当時の社長河合良成氏は、Ⓐ作戦というのを打ち出した。その目標は、「オーバー・ホールまでの寿命五、〇〇〇時間」というのである。その根拠は、当時のキャタピラー社のブルドーザーの寿命が、オーバー・ホールまで五、〇〇〇時間だったのである。小松製作所のブルドーザーの寿命は、それよりはるかに短かったのである。

それでも、いまはブームにのって売れているからいい。しかし、いったんこのブームが去ったときには売れなくなる。しかも数年先には、貿易の自由化によって、キャタピラー社の製品がドッと入ってくる。そのときはキャタピラー社の製品に押されて、わが社の製品は壊滅する。「キャタピラー社に対抗して、わが社が生き残るためには、どうしても最低限度キャタピラー社と同じく、オーバー・ホールまで五、〇〇〇時間の寿命を必要とする」という河合社長の経営者眼から生まれた目標なのだ。好況に酔わず、きびしい反省と、すぐれた先見性によって、企業の将来を築く決定がくだされたのである。

そして、「この目標を達成するために、会社の中のすべての知能と行動をこれに結集せよ」というのだ。すべてに優先するオールマイティ作戦だというので、Ⓐ作戦と名づけたということである。

そして会社の努力がこれに集中され、二年の歳月と一〇億円の費用が投ぜられて、みごとにその目標が達成されたのである。

この作戦は、まず現状調査から始められた。その結果、わかったことは、現在の製品の寿命が三、〇〇〇時間であるということである。とすると、目標との差は二、〇〇〇時間である。ここに、「われわれは、どれだけのことをしなければならないか」が明確にとらえられたのである。つまり、「われわれのやらなければならないことは、寿命を二、〇〇〇時間のばすことである」ということである。

しかし、寿命を二、〇〇〇時間のばすことは、世間なみの努力、常識的な対策ではできない相談だったのである。最強の敵は「コスト」である。そこで、「コストを無視せよ、ＪＩＳにとらわれるな」という非常指令さえも出されたのである。三〇〇点の部品のうち、その八〇％が改造されたのであるから、実質は新製品である。

その結果は、その品質の優秀さをもって、業界にゆるぎない地位を確保している。しかも、それだけにけっして満足しているのではない。いま、小松製作所で打ち出している作戦がある。その名を「ＷＡ作戦」という。Ｗとはワールド（世界）の意味である。

2・2　「企業の目標」は生き残るための条件が基礎となる

小松製作所のすぐれた実例は、われわれにどのような教訓を与えているだろうか。

教訓の第一は企業の目標は、生き残るための条件が基礎となるということである。そして、企業の運命は基本的に客観情勢にどう対処するかできまってしまう。当然のこととして、企業の目標は、客観情勢に基づいて設定されるのであって、企業の内部事情とは本質的に無関係である、ということである。

客観情勢は、特定の企業の内部事情とは無関係に変化する。したがって、客観情勢に基づいてたてられる企業の目標は、企業の内部事情とは無関係なのだ。

論より証拠、小松製作所の目標は、キャタピラー社のブルドーザーの寿命に基づいて設定されたのであって、自社製品の寿命は一顧だにされていないのである。

ここが大切なところである。従来のマネジメントの考え方は、すべて「過去の実績とか、本人の能力とかを基準にして、実現可能な計画とか、目標とか、予算をきめよ」という哲学にこり固まっている。

一応もっともらしい考え方のように思われる。しかし、それは「企業は絶対につぶれない」という前提条件が満足されて、はじめて成立するおめでたい理論なのである。過去の実績をもとにして実現可能な目標をたてたところで、それが生きるための条件を満たしているのかいないのか、わからないではないか。

このような考え方こそ、現実無視の観念論なのである。

目標を設定するということは、客観情勢の変化に対応し、その圧力に耐え、これをはねかえすための会社の決意を固める、ということなのだ。客観情勢の圧力が、目標という形をとって、われわれの上にのしかかってくるのだ。だから、目標は圧力なのである。目標を達成しなければ企業は押しつぶされるのであるから、これはどうしても達成しなければならない「ノルマ」なのである。

「圧力として感じさせてはいけない」とか「ノルマではない」というようなことは、目標のなんたるかを知らない者の寝言であるだけでなく、実は会社をつぶす危険思想なのである。

その危険思想の論拠は人間関係にある。上から押しつけたのでは人間の意欲はわかない、というのだ。この人間関係病は、わが国の企業に根強くはびこっている病気である。しかも、この病気を「健康な状態」と思いこんでいるのだから、手のつけようがないのである。部下の気持ちを尊重し、自主的に活動させれば企業が繁栄するなら、だれも苦労はしない。しょせん、人間関係論は経営不在の理論なのである。

「上司が押しつける」のではないのだ。「客観情勢が上司をとおして圧力をかける」のだ。ということさえもわからぬヤカラなど相手にしていると、ろくなことはないのである。

企業の目標とは、「生きるための条件」が基礎になっているかぎり、これは問答無用なのである。ムリであるとかないとか、実現可能であるとかないとかという論議は、いっさい成り立たないのだ。

別の例をあげて説明しよう。人間が健康で働くための一日の最低必要カロリーが、かりに二、○○○カロリーであるとするならば、二、○○○カロリー自体を論議してみても意味はない。論議があるとすれば、二、○○○カロリーが最低必要カロリーかどうか、という点である。

同様に、目標について論議があるとするならば、それはムリであるかないかではなくて、目標それ自体が生き残るための条件として適切なものであるかどうか、ということである。目標が生き残るための条件であるかぎり、それがムリであり、実現不可能なものであるならば、その企業は消え去るよりほかに道はないのである。

客観情勢は日ごとにきびしく、変化は急激になってゆく。当然のこととして、客観情勢に対処するための目標は、従来の実績や社内事情からみたらムリであり、実現不可能なものなのである。その不可能を可能なものに変質させることが、企業の成員の役目なのである。

過去の実績からみて、実現可能なことだけやっていたら、その企業はたちまち破綻してしまうのだ。われわれは、不可能を可能なものに変えてゆく以外に、生きる道はないのである。

教訓の第二は、現状調査の意義である。伝統的な考え方は、まず第一に現状調査をせよ、つぎにそれを検討し、改善して、よりよいものにせよ、というのである。

このもっともらしい、しかも正しい考え方として、なんの疑問もなく信じられていることが、いかに間違っているかを教えてくれるのである。

伝統的な考え方を、小松製作所に当てはめて考えてみよう。

現状調査をしたら、寿命三、〇〇〇時間である。これに可能な改善を施して、五〇〇時間寿命がのびて、三、五〇〇時間になりました。メデタシ、メデタシということでいいのであろうか。

寿命が三、五〇〇時間になっても、それが生きるための条件、五、〇〇〇時間に満たないのなら、これはたんなる自己満足である。三、〇〇〇時間であろうと、三、五〇〇時間であろうと、大勢には影響がないのだ。生きるための条件を満たさない点においては、〝五十歩百歩〟なのである。

現状調査→改善→新基準という、改善理論の罪悪がここにあるのだ。

小松製作所は、こんなバカなことはやらなかった。まず目標が設定され、しかるのちに現状調査が行われた。これによって、目標と現状とのギャップが明らかにされたのである。このギャップこそ、「生きるために期限つきでやらなければならない事柄」であり、「これだけは、どうしてもやらなければならない最小限度の事柄」なのである。

これを「これだけ主義」という。従来の考え方は、できるだけやるという「できるだけ主義」なのだ。

「できるだけ」とはどれだけなのか、だれにもわからないし、できるだけやっても、それが生きるための条件を満たすか、満たさないか、だれにもわからないのである。

小松製作所は、できるだけ改善しては、その成果をとるの愚をおかさなかった。生き残るための条件を、ハッキリと見つめて改善し、その成果を目標と比較し、足りなければさらに改造するというくり返しを二年間も続けて、りっぱにというよりは、「血の出る思い」で目標を達成したにちがいないのである。

「改善」とか「合理化」の考え方は、現状調査→改善→新基準ではなくて、目標→現状調査→ギャップをつぶす、という考え方が本当であることを、小松製作所はわれわれに教えているのだ。

これは、非常に大切なことなので、「できるだけ主義」のあやまりと、「これだけ主義」の正しさを、極限状態において再確認してみよう。

いまかりに、あなたの会社で、今月中にどうしてもあと一、〇〇〇万円の売掛金を回収しなければ手形を落とすことができない、としてみよう。手形を落とせなければ、会社はそれで一巻の終わりなのだ。つまり、生きるために最小限度ギリギリ必要な一、〇〇〇万円なのだ。これをできるだけ主義でやったら、どうなるだろうか。売掛金の現状を調査したら二、〇〇〇万円ありました、できるだけ回収につとめたので八〇〇万円回収できました、そのために売掛残が

一、二〇〇万円に減少しました、メデタシ、メデタシ、と喜んでおられるのだろうか。これでは、会社がオメデタくなってしまうのである。一、〇〇〇万円なければ会社がつぶれるのだ。だから、回収可能とか不可能とかの問題ではないのだ。どうしても一、〇〇〇万円回収しなければならないのである。われわれの関心は、「できるだけ」の努力で回収した八〇〇万円ではなくて、「最小限度」どうしても回収しなければならない一、〇〇〇万円なのである。

——閑話休題——

きびしい現実は、「これだけはどうしてもやらなくてはならない最小限度の事柄」のほうが、「できうる最大限度の事柄」より大きいのである。「企業があげうる最大限の利益」は、「企業がどうしても必要とする最小限の利益」よりはるかに少ないのが常態なのである。

ここに、最大限主義のおそろしさがある。あげられた最大限の成果という自己満足で、最小限必要なギリギリの成果が忘れられてしまうからなのである。だから、われわれの関心は常に「あげられる最大限」でなくて、「どうしても必要な最小限」でなければならないのである。

ところで、従来の目標管理は、「どれだけやるか」を決める、見かけは「これだけ主義」である。しかし、中味は違う。中味は、「目標は人間に合わせてつくる」(『結果のわりつけによる経営』エドワード・C・シュレイ著)ものであって、「企業の生き残る条件」に合わせるのではないのであり、「達成可能な合理的な目標」(同)を設定することが大切なのであって、それによってえられる企業の利益が必要最小限に達しなくても、いっこうにさしつかえないのである。

つまり、「個人のあげられる最大限の成果」を、「これだけ」といっているにしかすぎず、正体は完全な「できるだけ主義」なのである。

2・3 上のせされる「トップの意図」

企業の目標は、生きるための条件が基礎になっているのであるから、ある意味では、トップの意図とは無関係なのである。

つまり、内部費用(「第3章3・5収益性」を参照されたし)などは、トップが好むと好まざるとにかかわらず、ほとんど大部分がきまってしまう。

客観情勢も、トップの意図とは無関係に変化する。当然のこととして、それに対処するのは、トップの受身の意志といえよう。受身の意志とはいえ、これは容易ならざる重大事であることに変わりはない。しかし、これだけが目標のすべてではない。

「トップの積極的な意図」がある。これが、「生きるための条件」に上のせされて、目標がよりすぐれたものになる(もっとも、この二つは必ずしも明確に区別されるとはかぎらない。というよりは、区別するのがむずかしいといったほうがよいかもしれない)。

トップの意図は、トップの人生観、宗教観、使命感がもとになって生まれてくるものである。たとえば、「生活必需品は、水道の水のように豊富でなければならない。そうなったら貧困は克服される。われわれは、貧困を克服するために生産をやるんだ」（松下幸之助）という哲学もあれば、「世界一でなければならない」（本田宗一郎）という威勢のいいのもある。「うちの社員には、結婚までにマイカーをもたせ、三〇歳でマイホームがもてるように」（A産業社長）というようなきわめて現実的なものまでいろいろある。

それは、「正しいもの」であるかぎりなんでもよい。これが企業の成員に社会的責任を感じさせたり、希望をもたせたりすることになるのである。

ところが、「トップの意志」の次元が高ければ高いほど、また、すぐれた革新と創造の理念をもっておればおるほど、その目標は現実とはかけ離れたものになってゆくものである。

そして、これに対して、「夢物語」「大風呂敷」というような批判が、必ずつきまとうのである。後藤新平の「震災復興計画」がその一例である。もしも、それが現実主義者によって、「大風呂敷」のらく印のもとに葬り去られた、というようなことがなかったならば、今日の東京の姿は、まったく変わったものになっていたであろう。何しろ主要道路の幅が一〇〇メートルというものだからである。それが否決され、縮小したB案が否決され、さらに縮小したC案を修正して、やっと通ったということだ。大正一二年当時はさておき、戦後の東京で再びその失敗をくり返してしまったのは残念である。名古屋の実例をみるにつけ、なおさらその感を深くするのである。

昭和三〇年に発表された、わが国ではじめてといわれる、松下電器産業の「長期経営計画」も、それが発表されたときには、誇大であるという批判を八方からあびたのである。年商二〇〇億円を五年間で四倍の八〇〇億にしようというのである。年率三〇％以上の急伸長なのだ。この計画は、会社の必死の努力で四年目に目標を達成し、五年目には一、〇〇〇億に達したという驚異的な成果を収めたのである。家庭電化時代を見きわめた積極策によって、「天下の大松下」の実現に大きな貢献をしているのである。

われわれは、トップの打ち出した目標が大きく高いものであればあるほど、これに批判の目を向けるよりは、その意図を理解しようと努める必要があるのだ。これがトップに対する幹部の態度なのである。

2・4 目標はワンマン決定でなければならない

目標は、トップのワンマン決定でなければならない。もともと、目標は客観情勢に基づき、それにトップの意図が上のせされるのだ。ところで、客観情勢についていちばんよく知っているのはトップで、下にゆくほど知らないのだ。客観情勢に基づいて設定する目標を、客観情勢に暗い部下にきいて何になる。病気の治療法を素人にきくようなものである。

だいいち、部下に相談しなければ、決定のできないようなトップや幹部こそ大問題である。

部下にきかなければならないのは、目標達成のための具体策なのである。目標の決定と、決定を実施するための具体策の相談とを混同してはいけない。

「長」という呼称は、決定する人につけられたものである。だから、「長」という呼称のついた人は、「自らの責任において、決定を行う」のだ。「ワンマン決定」こそ決定の大原則であって、この原則が破られたときに、組織は崩壊してしまうのである。

むろん、ワンマン決定とはいえ、その前に部下の意見をきくことはよい。会議で検討するのもよい。しかし、最後の決定は、あくまでもワンマンの意志によって決定されるのだ。ところが、従来のマネジメント論は、部下の意見のとりまとめ役が「長」であるかのごとき印象を与えるものが多すぎる。その論拠は「人間関係」なのだ。

部下の意志を無視してはいけないというのだ。部下の意志を尊重するあまり、お客を忘れ、客観情勢から目をそらせても、それはいたしかたないというのであろうか。ここにも本末顚倒がある。というよりは「本末」を知らないのだ。

ここで、お断りしておきたいことがある。それは、「ワンマン決定」と「ワンマン・コントロール」は違うということである。「ワンマン決定」というのは、「ワンマンの責任において決定する」ということであり、「ワンマン・コントロール」というのは、「何もかも一人できり回す」ことなのだ。決定はワンマン、実施は任せる、これが本当のトップである。

2・5 目標の変更

「目標は情勢の変化に応じて変える必要がある」というような、アイマイな表現をとっている人が大部分である。これが間違った行動を人びとにとらせることになる。

情勢の変化とは何を意味するかが不明確なのだ。だから、不手際による目標と実績の差が大きくなると、これまで情勢の変化であると拡大解釈して、目標を変更し、実績に近づけてしまう。こうした考え方は間違っている。目標は客観情勢に基づいてたてられるのであって、主観情勢に基づいてたてられるのではない。

だから、客観情勢が変わったなら、目標もすみやかに変えなければいけない。根拠が変わったのだから、目標も変わるのが当然である。

しかし、主観情勢と目標とは関係ない。目標と無関係な主観情勢が変わったからといって、目標を変えるのは明らかにおかしい。

主観情勢のために、実績がどれほど目標とはなれようと、目標を実績に近づけるのは間違いである。そのようなことをして達成率をあげてみても、実績の絶対額が上がるわけではない。かえって真実の姿がわからなくなるだけである。つまり、問題というのは、目標と実績との差の中にある。この差が大きければ大きいほど問題の大きいことを、われわれに教えてくれるものなのである。その差を小さくして、問題を過小評価させてしまう危険があるからだ。危険な事態を覆いかくして、安易感を生ませるものこそ、不用意な目標の修正なのだ。目標変更に対する正しい態度は、客観情勢の変化には、これに応じてすみやかに変更し、主観条件の変化によって変えていけない、ということである。

しかし、現実には、客観情勢の変化に応じて目標を変えようとせず、主観条件の変化にはすみやかに対応して目標を変える、ということがあまりにも多すぎるのである。

2・6 目標どおりいかなくとも目標は必要

「目標をたてても、そのとおりいかない、だから目標をたててもムダだ」という声はよくきかれる。これは一応はもっとものように思われる。しかし、この考え方は間違いである。

たしかに、目標をたてても、なかなかそのとおりいくものではない。もしも簡単に、たいした努力もなしに目標が完遂できたら、むしろ目標そのものがおかしいといえる。

目標はむしろ、なかなか達成できるものではないからこそ必要である、という考え方に立つべきである。というのは、もしも目標がなく、常に実績だけであるとしたら、いったいどういうことになるだろうか。

実績だけでは、それが「生きるための条件」を満たしているのかどうかがわからないから困るのである。

たとえば、季節的変動のために、前半期と後半期の業績が大幅に違う会社は多い。このような会社で、前半期の実績が大幅の黒字であるといって、必ずしも安心はできないのである。後半期の赤字が、黒字を食ってしまうかもしれないからである。だから、後半期の赤字はどうしてもこれだけは出る、それを補って必要利益を生みだすには、前半期に「これだけの利益」をあげなければならない。というふうに、目標を設定しておいて、これと実績を比較してみれば、その黒字で十分なのか、たりないのかがわかるのである。

われわれは、まず会社が「生きるための条件」を目標としておき、常に実績と比較してみなければならない。そして、目標と実績が違っていたら、それ以後が目標どおりにいっても、現在の数字の違いだけ最終利益が違ってくるのだ、と考えるのだ。

このように目標と実績とを比較した時点で、目標との差を知ることができるのである。この差が危険信号なのである。常に目標と実績を対比していれば、危険な事態をいち早く知ることができるのだ。どうにもならないほど事態が悪化した後では手遅れである。

また、不測の事故があって、実績が大きく目標とはなれてしまったとしよう。このときに「目標と実績がはなれすぎて、とても実現できないから、目標は無意味になってしまった」と考えるのではない。こうした考え方は、「敗北主義」である。「不測の事故によって、目標とこれだけはなれてしまった。この事態の重要度は、いったいどのようなものであろうか。そして、この事態をのりきるには、何をしなければならないか」と考えるのである。

事態の認識と具体策の樹立は、目標と実績との差をつかむことによって得られるのである。客観情勢に応じて目標を変更しなければならないときでも、「どこをどれだけ変えたらいいか、それには新たにどのような努力が必要か」ということを、たやすく知ることができるのである。

このように目標は、企業の危険に対する〝検知機〟の役目も同時に果たしていることを忘れてはならないのである。

2・7 目標達成の決意と信念が成否をきめる

筆者の友人で、某社の重役をしている人が、かつて製造部長であったときのことである。筆者が工場見学にその友人の会社を訪れたところ、工場のどこへ行っても、「本年度の目標、〝工数三割節減〟製造部長」という目標がかかげてあった。

工場を見学し終わってから、私は目標について質問をした。

それに対して、彼は次のように答えた。

「工数三割節減に、べつに科学的な根拠は何もない。ただ、今年中にどうしても工数を三割節減しなければ、わが社は激烈な競争に打ち勝って生き残ることはできない、と製造部長としての私が判断したからだ。それ以外に何もない。そして課長たちには、各自どのようにしたらこの目標が達成できるかを考えさせ、計画書を提出させた。私の役目は、この計画書をチェックすることだ。とはいっても、これは容易なことではない。工数節減は今年はじめて行うのではない。会社創立以来一〇年間毎年行っているのだ。その上さらに三割を節減せよというのだ。一通りや二通りの努力でできる相談ではない。だから各課長は、あれはできない、これもダメです、その理由はコレコレです、といってくる。

しかし、私は絶対にこれに耳をかさない。一つ一つ理由をきけば、もっともな理由があることは初めからわかっている。もっともな理由をきけぱ、〝私も人間だ、できないことは仕方がない〟といいたくなる。またそうすれば、〝話のわかる部長だ〟といわれることもよく知っている。しかし、私が話のわかる部長になってしまったなら、会社はどうなるのだ。工数三割節減どころか、一割もできないだろう。私は、鬼製造部長になるよりほかに道がないのだ。そして、あくまでも部下に目標達成を要求しなければならないのだ」

まったく頭の下がる思いがした。帰るときに、筆者は応接室の壁に貼ってある、この会社の一〇年間の「売上げグラフ」をあらためて見なおした。はじめの五年間は、売上げは遅々として伸びていない。六年目から売上げは急上昇しているのだ。そしていま、会社は業界のトップを独走している。五年目と六年目の間にハッキリとした「クギ折れ」現象があるのだ。そして、そのクギ折れは、この友人が製造部長になった直後にあるのだ。

この会社のすばらしい業績が、この製造部長一人のためでないことはいうまでもない。しかし、この製造部長がいなかったならば、果たして、こんな急成長と高い利益が得られたであろうか、とつくづくと考えたのである。

目標は、過去の実績からみたら、常に不可能なものである。だから、その目標を達成するのにムリがあってはいけない、部下の納得できるものでなければいけない、などという泰平ムードの観念論は通用しないのだ。どうしてもやりとげなければならないのだ。そのためには、トップの、そして幹部の、不退転の決意がいるのだ。必ず達成できるという信念が必要なのだ。これがリーダーシップの基礎的要素の一つなのである。へなへな人間関係論なんかは、業績を落とす役目しかしないのだ。その実例をあげよう。

F社の工場長は、非常に話のわかる人で、人間関係信奉者であった。同社は受注生産なので、営業課長が引き合いをもってくると、設計・資材・製造の各課長を集めて、「図面はいつできるか、その図面が出てから何日で資材・外注品の手当ができるか、そうしたら、製造課ではいつ完成するか」ということをきき、その結果で納期の返答をしていた。各課長は、早くできない理由を、縷々《るる》ならべ立てる。結局は、相当長い納期をもらわなければならない、ということになる。当然、営業課長は承服しない。そんなことでは受注はおぼつかないからだ。そこで、また話合いが行われ、若干納期をつめて、「これ以上納期をつめるのはムリだ。営業課長はそれでお客に納得するように話をつけてくれ」というようになることがオチなのであった。営業課長はシブシブ承知をする、という結末になる。当然のこととして、営業成績はあまりかんばしいものではなかった。

たまたま、筆者がこの会社のお手伝いをすることになり、上記のことを知ったのであるが、ご意見番としての立場から、この工場長に苦言を呈したのである。

「あなたは、社内の人びとの立場をよく理解し、人間関係を円滑にしようとしている。しかし、それは間違っている。社内の人間関係や立場を尊重するというが、そのシワよせは、納期の遅れとなってお客様にいってしまっている。いったい、会社はだれのために食っているのか。お客様のおかげではないか。そのお客様を犠牲にした人間関係は、まったくの誤りではないか。お客様を忘れる会社は、お客様から忘れられる。そうなったら会社はつぶれる。会社をつぶして、なんの人間関係か、それこそ最悪の人間関係である」

と歯に衣着せぬ直言をするとともに、「生きるための要請」についての考え方を説明したのである。じっときいていた工場長は、「わかった、自分の考えが間違っていた」と率直に反省した。実にりっぱな人である。

それを境にして、この工場長の態度はまったく変わってしまった。営業から引き合いがくると、納期をきき、そのまま、あるいは数日の延期をあらかじめ営業課長に承諾させると、各部門の課長を集め、「設計は何日までに完了、資材はいつまでに、これこれの外注品はいつまでに、製造の完成は何日まで」と頭から指令したのである。

びっくりしたのは課長連中である。そしてさっそく、それではできない理由を述べはじめた。ところが、工場長はこれをピタリと押さえてしまった。いわく

「君たちのいうことはもっともだ。しかし、理由があればそれでいいというものではない。君たちの昇給について、〝これこれの理由で、財源がないから、昇給させられない〟とハッキリと理由を述べたら、君たちは昇給しなくても仕方がないと納得するか。それと同じだ、できても、できなくとも、そうしなければ会社は食えないのだ。どんな思いをしても、お客様の要求を満たすのがわれわれのつとめだ」

と実に鮮かなもので、今度は、火つけ役の筆者がビックリしてしまったのである。

それ以降、その会社の課長たちは、もっともらしい理屈をいわなくなった。業績も上がった。そして、その工場長に対する課長たちの気持ちをきいてみると、「初めは、正直のところビックリした。しかし、よく考えてみると、あれが本当ですね。私たちもかえって気持ちがいいですよ」という返答が返ってきたのである。人間関係至上論者よ、この事実をなんと説明するか。ご高説を承りたいものである。

2・8 伝統的な人間関係論は目標達成を阻害する

ある会社の社長は、従業員の気持ちを極端に重視し、またそれが非常に大切なことであると思いこんでしまい、一人の女性事務員の部長批判をとりあげて、その部長に警告を発するというところまで、人間関係病をつのらせてしまっている。この会社は過去二年間赤字であり、今期も赤字……。しかも、大幅赤字であることは決定的である。

かつては、成長産業であるがゆえに、好収益時にかかえこんだ余剰な間接人員を、部下の気持ちを重視するあまり切れないばかりか、退職者の補充までしている、という常識を逸した行為が、この会社を赤字に追いこんでいるのである。

この社長ほど極端でないにしても、人間関係病は非常に広範に各企業体内に浸透し、しかも重症で治療のむずかしい病気なのである。

この病気にかかると、何事も「仲よくやる」ことが最上であると思いこむようになって、ちょっとした意見の相違やトラブルを極端にきらう。そして、個性のない同調主義者になり、また、いいたいことを部下にいえない腰抜け幹部ができ上がってゆく例を、あまりにも多くみせつけられているのである。

独創的な人、革新的な人、積極的な人、こういった人びとこそ会社発展の原動力であり、会社にとって尊い財産なのである。

こういった人びとは個性が強い。そして、それらの人びとが推進する仕事には、それが革新的であればあるほど、抵抗も多く、摩擦も起こりやすいのである。摩擦や批判のないような仕事は、会社の発展にはたいして役だたないものなのだ。

その個性を同調主義の中で殺し、その革新的な仕事を摩擦が起こるという理由で骨抜きにしてしまう。これでよいのか、いったい会社はどうなるのだ。〝角を矯めて牛を殺す〟の愚でなくてなんであろうか。「部下の気持ち、部下の立場、部下の納得」ばかりを強調する。「上役の立場」いや、「企業の立場」「お客の立場」はいったいどうしてくれるのだ。企業の中で最も大切なのは「部下の立場」なのであろうか。

上役は、ひたすら部下の立場のみを考えて神経をすりへらし、部下に礼をつくさなければならない。

しかし、部下は上役の立場を考える必要はないらしい。論より証拠、人間関係論には、上役に対する「礼」については、ただの一言もふれていない。部下は上役の立場を考える必要はなく、「礼」をつくさなくともよいらしい。礼というものは交換するものであって、一方的なものではないはずなのに……。それも、何事も丸くおさめるための上役の譲歩であり、会社の投資であるのだろうか。

さらに、人間関係をよくし、モラール（＊2）を高める大切な事柄は、物理的な環境を楽しいものにしなくてはいけないらしい。そのために、数々の厚生施設や娯楽設備をととのえて、ひたすら従業員のご機げんを取り結ばなければならないらしい。

そうしたことに関心を向けない経営者は非難され、従業員は楽しい職場、楽しい環境の中で仕事をすることが当然のことであると思いこんでしまう。

あまりのことに、「会社は遊園地ではない」（盛田昭夫『学歴無用論』）というような当然のことが、声を大にして叫ばれなければならなくなってしまったのである。

そもそも「楽しい職場」などというタワゴトは、いったいどこのバカがいいだしたのであろうか。

企業は戦争なのだ。同時にそこに働く人びとにとっては、生活の資を得るための戦場でもあるのだ。人びとの毎日毎日の仕事が真剣勝負の場なのだ。「楽しい真剣勝負」というのがあるわけがない。

われわれの仕事の毎日は、もともと苦しいものなのだ。ソニーの盛田昭夫氏が、

会社は楽しいところではない。根本的なところを間違わないでもらいたい…。会社というのは働きに来るところだ。働いてお金をもうけて、それで楽しく会社外で暮してもらいたいのである。会社が楽しいところである必要は毛頭ないのだ。……『学歴無用論』

といっている。まったく同感である。

経営者は、楽しい職場をつくる責任もなければ、娯楽施設をととのえることに関心を向ける必要も毛頭ないのだ。経営者の責任は、「健全な経営」である。

われわれが、人間関係を大切にするのは、これによって従業員のモラールが上がり、それが業績向上に結びつくと考えるからである。

この考え方自体に異論はない。考えなければならないのは、現在われわれがもっている人間関係なるものの考え方では、その効果がほとんどない、ということなのである。いや、逆にマイナスの効果になってしまうのを、筆者は数多く見せつけられているのである。

「そもそも、現在の人間関係は、四〇年前の〝ホーソン効果〟の上に何も積み上げていないでは

ないか。ということは、〃ホーソン効果〃そのものが、本当の人間関係かどうか、すこぶる怪しいのである」

という意味のことをドラッカーはいっている。

もともと、「ホーソン効果」とは、企業体の中の最低辺の人びとを対象とした、個人と集団の心理研究であって、その次元の低い下向きの理論を、そのままミドルのみならず、トップにまで拡大しようというのだから、ムリでありムチャである。

人間関係論者が、いくら声を大にして、その効果を叫ぼうとも、行動科学者たちの調査によると、モラールと生産性の間には、相関関係がない、という結果が出てしまうのである。この事実を、われわれは率直に認め、フランクに反省しなければならないのである。

しかし、何といっても、従来の人間関係論の最大の欠陥は、経営を無視していることである。個人の心理研究にのみ心をうばわれ、肝心の会社を忘れ、職務を無視している。会社は人間関係をよくすることが目的でもなければ、心理の研究所でもないのだ。会社は商品を生産し、販売し、あるいはサービスを提供することが仕事なのである。

だから、ドラッカーが、「人間関係は経営に優先しない」というわかりきった警告を発しなければならないほど、病は膏肓《こうこう》に入っているのである。しかもこれが、大センセーションをまき起こすのだから、どうみても常態とはいえそうもない。やはり、人間関係病は相当重いのである。

人間関係がいかによくみえても、それが経営にとってプラスにならなければ、それはむなしい人間関係論であり、モラール・サーベイの結果がいかによくても、それが生産性向上に結びつかなければ、たんに、ある種の幸福感にしかすぎないのである。

われわれは、いま、「モラール」の定義づけを変えなければならないときにきているのだ。それは、きびしい客観情勢の認識のもとに、企業の目標に焦点を合わせて、その一部を背負う決意と責任を果たすために役だつものでなければならないのだ。

従来の下向きの態度とは逆に、上向きに、常に一つ上の階層への貢献を、その基本的な姿勢とするものでなければならない。

そして、それは、うじうじした個人の心理研究ではなく、個性を生かし、積極的に困難にぶつかり、摩擦をおそれず、よいと信じたら、どこまでもやりぬく信念と勇気を与えるものでなければならないのだ。

また、部下に対しては、明確な目標のもとに、彼らを説得し、やる気を起こさせるという強力な指導力をそなえたものでなければならないのだ。

あくまでも前向きに、革新的な考え方を信念をもってつらぬき通すマン・パワー論でなければならないのだ。

2・9 「企業の目標の本質」を理解させよ、そこから真の人間関係が生まれる

筆者は、くり返し伝統的な人間関係論を攻撃してきた。しかし、筆者は人間関係否定論者ではなく、真の意味の人間関係推進論者の一人であると自負している。つまり、「マン・パワー」論者である。

伝統的な人間関係論は、真の人間関係ではなく、ごまかしのニコポン主義的人間関係論（＊3）にしかすぎないのだ。というのは、むしろ外交辞令的表現であって、本当のことをいえば、その正体はまさに「人間侮辱論」である。

人間尊重と称して、その心理を研究し、満足感というよりは、むしろ弱点を逆に利用して人を動かそうとする。そして、それを動機づけと称して美化している。

その中で、徹底的に摩擦を罪悪視し、仲よくすることが至上であるかのごとき指導をし、革新・創造の芽をつんでしまう。

革新に摩擦はつきものなのだ。摩擦をおそれたら何もできなくなる。三洋電機が電気洗濯機で、いち早く業界のトップに躍り出たのは、洗濯槽と、上部内張りの「ハゼ組み」の自動ロール機をいち早く開発したことに負うところが大きいのだ。その自動機の開発途上で、関係者の間で常に大激論がかわされ、ついには取っ組み合いのけんかまでしているのである。けんかを肯

定するわけではないが、仕事にはそのくらいの熱意が必要なのだ。摩擦をおそれたら、何もできない。

人間関係に出てくるのは「話合い」であり、「意見をいわせる」であり、「参画させる」という、いかにも人間尊重のようにみえても、すぐその後から馬脚をあらわす。つまり、「ムリをいってはいけない」であり、「能力に合った仕事をさせる」である。ムリかどうか、が、簡単にわかるものではない。相手の能力を見きわめるなどは至難の業である。

筆者が、戦争中に軍隊で経験したことがある。戦争の最後の年に、名古屋で自動車の修理隊長をやっていたときのことである。三月一九日の空襲で、筆者の隊も焼けだされたのである。そのときに、最も目ざましい活躍をしたのは、能力が低いという判定のために、上等兵に進級することもできなかったK一等兵だったのである。筆者は自分の不明を恥じるとともに、人間の能力の判定がいかにむずかしいものであるかを痛感したのである。それ以後も、筆者はそれに似たような経験を何回もしているのである。

人の能力など、容易にわかるものではない。それを、「能力に合った」というようなことを簡単に考えて、表面的な観察で能力判定をやるのだから、判定されるほうは、たまったものではない。そして、それらの論調の底にあるものは何か、「程度の低い人間は、こうして使うのがいちばんである。あいつの能力は、この程度のものだろう」という、人を見下した態度なのだ。どこに人間尊重があるのか。人をコケにするにもほどがある。これが人間侮辱論でなくてなんであろうか。

「東洋の魔女」を鍛えた「鬼の大松」(＊4)の非人道的とも思えるシゴキのうちに、監督と彼女たちの間に温かい人間性の交流と、鉄の団結と水ももらさぬチームワークができ上がったのである。彼女たちのかくれた能力が完全に引き出されたのである。

それに反して、表面は人間性尊重のごとくみえた後任監督のもとで、魔女と監督の人間関係はくずれ、チームは空中分解してしまったではないか。どちらが本当に人間尊重で、どちらが人間侮辱であろうか。

人間関係論者よ、胸に手を当てて、静かに反省してみてもらいたい。あなたがたが人間尊重と思っていることそれ自体、実は「人間不信」の理念であることを。いいかえると、あなたがたが「Y理論」だと思っていることの正体は「X理論」なのである(＊5)。ついでにいえば、この理論そのものが間違っていることを、当のマクレガーが体験していることを。人間というものは、あなたがたが考えているほどバカでもなければ、無能力者でもないのだ。

人間を無能力化してしまうのは、あなたがたのふり回す人間関係論(だけではなく、もろもろの間違ったマネジメントの理論)なのである。人間をあまやかし、過保護を加え、自己保存本能をマヒさせてしまうからなのだ。「お大尽の道楽息子」「総領の甚六」の伝なのだ。

人間は幸福感、満足感を得ると、進歩が止まってしまうという、やっかいな動物なのだ。安心感を得ると努力しなくなるのだ。イギリス経済の破綻の原因のうちに、「完備した社会保障制度のために、人びとが意欲的に働かなくなった」ことがあげられているのは、われわれに深く考えさせる教訓を含んでいる(＊6)。

真の人間関係とは、どうも人間関係論者の主張とは違うようだ。いや、違うのだ。〝可愛い子には旅をさせろ〟〝獅子はわが子を谷底につき落とす〟。これが真の人間尊重の理念ではないのか。何百年の長きにわたり、人間の叡智の「ふるい」にかかって生き残ってきた格言なのだ。正しくなければ消えているはずである。

真に人間を尊重するならば、なぜ人間を信頼し、その人のかくれた能力を期待して、本人さえも考えてみなかった高い目標を与え、重い責任を負わせて突き放さないのだ。そして、ジッと見守っていてやらないのだ。その試練に負けてしまったのなら仕方がない。それもせずに、頭から他人の判断だけで本人の能力を判定してしまうのは、人間不信である。このようなことをするのは、きめつけられる当人だけでなく、あなた自身をも傷つけることになりはしないだろうか。

筆者のこのような主張は、本書ですでにあげた、いくつかの実例だけでなく、世の中のたくさんの実例や、いくたのすぐれた企業の人間指導理念とその実績から生まれてきているのである。

筆者は以上のような考えから、ムリと思われることを人に要求する。そのときに、「ムリだから君に頼むのだ。ムリでなければ君には頼まない」というのだ。これが人間信頼なのだ。ムリだとは思う、しかし人はどんなかくれた能力をもっているかわからない。いやもっているのだ。それに期待して、いまはムリと思うことを頼む、というのだ。

そして、そのムリをいわなければならない理由として、本章に述べているような「企業の目標の本質」を、じっくりと説明し、きびしい現実を生き抜くための覚悟と心構えを、くり返し強調することが大切である。

こうすると、だれでも必ずといっていいくらい納得してくれるのだ。

筆者は、講座で、このようにやるのだ。そして、受講者の感想をきいてみると、

「きびしい現実に対する認識が不足していた」

「自分の考え方があまかった」

「いままで、社長の要求がムリであると思いこんでいた自分の考えが、間違いであることがわかった」

というような意味のことを一〇人のうち九人までいうのである。

「今日からは、覚悟を新たにして、自分の役割を果たそう」という気構えができたのだ。きびしい事態を認識し、トップの意図を理解することによって、自分の役割を自覚したのだ。そして、自らの意志で、自らの意志を無視して押しつけられた目標を達成するために、進んで困難にぶつかってゆく覚悟ができたのである。

ここに、精神革命が行われたのだ。

そして、その日から、それらの人びとの行動がハッキリと違ってくるのを、筆者はこの目で確かめているのだ。例をあげよう。

M社で、同期化計画を推進しているときのことである。いままでは数が少なかったので、ロ

ット生産で流していた。そこへ、新機種が加わり、数量が一気に三倍にもなるので、コンベアで流そうというのである。

定石にしたがって、生産技術課で慎重に検討されただけでなく、相当思いきった改善案が盛られていたのである。

これの第一回の検討会のとき、製造課長は、

「この案によると所要人員が三二人ということだが、これではわが課の付加価値目標に到達しない。目標に達するためには、あと三人減らして、二九人でやらなければならない。したがって、この案は承服できない。二九人以内でやれるように、再検討をしてくれ」

と、その案を生産技術につき返してしまったのである。

普通の場合だったら、三二人の案が検討され、製造部門からは、その人員ではできない。こういう条件が盛りこまれていない。ああいう要因が見落とされている、というような意見が出るにきまっている。いろいろなやりとりがあって、それでは、これこれのところと、これこれのところを、こうやって、人員は三四名とする。というように落ちつくのが相場である。

つぎにY社の例である。筆者は定期的にその会社へお伺いしているのだが、あるとき社長が筆者につぎのように語った。

「この間、資材課長にコテンコテンにしかられてしまいました。それというのは、新入社員を労務課長が何の気なしに、資材課へ一人配属したのです。これは明らかに労務課長のミスです。というのは資材課に私が与えた目標の中に、〝今年中に人員を三名減らせ〟というのがあるので

す。そしてすでに苦心して二人減らし、あと一人減らすために苦労しているその最中に、一人増員ということになるからです。資材課長は、労務課長に〝会社の目標を何と心得ているか〟とやっつけて、配属の取り消しを要求し、それでもおさまらずに、私のところへやってきて、〝社長の不心得〟を説教したのです。私は、資材課長のお説教をききながら、本当にうれしかった。こういうしかられ方なら、毎日でもいい」

ここにあげたようなことは、普通の会社の普通の状態では、まず絶対にないといえよう。読者の中には、つくり事だ、こんなことはあるはずがない、と思われるかたもあると思う。そして、そう思われるのがあたりまえなのである。しかし、これはまぎれもない実話なのである。ニコポン主義的人間関係論に、このような事実があるならば、ぜひ私に知らせてもらいたいものである。

先日お目にかかった、T社の製造課長は、筆者につぎのように語った。

「私は先生のお話をきいて、つくづく反省しました。いままでは、自分でこれ以上できないと思いこんでいました。責任者がそう思いこんでいるのだから、できるわけがありません。〝不可能を可能なものに変えるのが幹部の役目だ〟という先生の言は、私にとっては痛棒だったのです。おかげで目がさめました。私はさっそく、私の決意を上司と部下に話し、部下に対してムリをいうことを宣言いたしました。それと同時に、部下もいいたいことをぼくにいえ、そのために毎週一回、終業後に会合を開くというようにしたのです。あれから二カ月、生産は上昇し、不良は減り、職場の士気はますます盛んです。毎週一回の終業後の会合も、義務づけはしないのですが、欠席するものはほとんどおりません。その会合で、私のムリに対する前向きの解決案があとからあとからと出てくるのです。部下にムリをいえない上役はダメですね。そういう上役は、客観情勢のきびしさを知らず、自己の職責を果たしていないのですから」

以上にあげた三つの例が、筆者のいう「マン・パワー論」の一端なのである。

人間は、人間関係論者が思っているほどバカでもなければ無能力者でもない、という筆者の主張は、このような実証に裏づけられているのである。精神革命によって、人間の考え方も行動も、このように変わってゆくのである。

この精神革命こそ、人間関係の根底をなすものである、と筆者は信じているのである。真の動機づけというのは、精神革命を起こさせることなのだ。

人間の行動の動機づけとして最大なものは、「自己保存本能」であろう。寒さや恋よりも、エジキが先なのである。火事のときに、思いもおよばないような力を出すことは、よく知られた事実である。これは、自己保存本能の力なのだ。

企業をとりまく客観情勢は、日ごとにきびしく、変転きわまりない。その変化に対応できない会社は、たちまちのうちに破綻してしまうのだ。この事実を、企業の成員が認識したときに、そして、わが社も従来のやり方、考え方でいると消え去る運命にあることを知った、その瞬間から、成員の態度は変わってしまう。自己保存本能が目ざめて、大号令を下すからである。これが精神革命なのだ。そして、いまほど精神革命が必要なときはないのである。

＊1　インターナショナル・ハーベスター社は、その後、経営不振に陥り、他社への事業売却などを余儀なくされた。

＊2　モラールとは、士気、労働意欲のこと

＊3　ニコポンとは、ニコニコしながらポンと相手の肩をたたいて、相手と仲良くなること。明治・大正時代に首相を務めた桂太郎が、そのスタイルで政治家や財界人と関係を深め、「ニコポン宰相」と呼ばれたことが、言葉のもとになった。

＊4　ユニチカの前身、ニチボーの貝塚工場の女子バレーチームは大松博文監督の下、世界的な強豪チームとして活躍した。「東洋の魔女」の異名は有名。チームの主力選手は大松監督の下、1964年の東京五輪で金メダル獲得に貢献する。

＊5　アメリカの心理・経営学者ダグラス・マクレガーが唱えた動機づけ理論。「人は、強制や命令がなければ仕事をしない」とするX理論と、「人は、自らの目標のために自発的に努力することができる」とするY理論で構築される。

＊6　1960〜1970年代のイギリスは、「ゆりかごから墓場まで」と称された社会制度の充実、基幹産業の国有化などを進めたが、国際競争力を失い、1976年にはIMFの支援を受け入れるまで悪化した。

3章

目標の領域

3・1 ただ一つの目標は企業を危くする

「目標の領域」については、ドラッカーの著書『現代の経営』の中にある「事業目標の八つの領域」に詳細に説明がある。その一部を引用しながら、筆者なりの解説をしてみることとする。その中で、ドラッカーは、「ただ一つの目標」について、つぎのように述べている。

明確な目標をかかげることによって行う事業経営については今日活発な論議がくり展げられているが、注目すべきことは、多くの論者が事業の目標として何か一つのものを見出そうと努めてきたことである。かかる努力は「賢者の石」（普通の金属を金に変える力をもっていると信じられた石）を探し求めた錬金術師の空しい努力にもたとえられる。しかし、こうした努力は単に徒労に終っただけではなく、幾多の害毒を流し、多くの人々を誤り導いてきた。

たとえば、事業の目標として利益だけを強調することは、経営担当者達を誤らせ、遂には事業の存続を危うくすることにもなる。利益だけを強調すると、経営担当者達は往々にして目前の利益のみに意を用いて、事業の将来を無視する。たとえば、現在苦労なしに売れる製品ばかりに力を入れて、将来の市場に対する配慮を怠ったり、新製品の研究や技術設備の改良、その他、先に延ばせる投資は後廻しにしてしまいやすい。ことに、利益の計上を困難にするような増資を歓迎しない。このために、設備は危険なほどに老朽化してしまうこともある。かくて、利益のみを強調することから、最も拙劣な事業経営が生まれてくるのである。(『現代の経営』自由国民社)

利益だけではない。よくあるのが売上高だけを目標にすることである。こうすると、セールスマンは、やたらと値引きして売上げをふやそうとするし、製造部門では、売上げ目標にたりない部分は、外注で片づけて涼しい顔をしている、ということになる。

事業の目標だけではない。上司の指導においても、ただ一つの目標をかかげることは、まずい結果となる。

ある会社の社長は、「各個撃破主義」と称して、一つの目標を徹底的に攻め、目標を達成するとつぎの目標に移る、という指導方針をとっている。みんな心得たもので、材料費を攻められると、外注費や型代の名目とし、運賃を攻められると修繕費に計上したり旅費に化けたり、なかなか手ぎわがよいのである。

ただ一つの目標のみをかかげると、このように人びとは逃げ道を探して、その道にそれてしまうものである。だから、

事業の経営とは、事業のさまざまな要求と、そのさまざまな目標との間に、一つのバランスを実現することである。このためには何よりも、正しい判断が必要である。唯一つの目標を探し求めることは、この判断を不要にする魔法の公式を求めるようなものである。しかし、正しい判断を一定の方式

によって置きかえようとすることは、常に無意味な試みである。われわれがなしうることは、選択の範囲を狭めて問題の所在を明確にし、意思決定ないし行動の効果に関する正しい測定を可能にすることによって、客観的な判断を可能にすることである。このためには、企業の本来の性質からして、いくつかの目標がなければならない。（『現代の経営』自由国民社）

このいくつかの目標について、ドラッカーはいう。

では、それらの目標はいかなるものであろうか。その答は一つしかない。それは、事業の存続ないし繁栄に直接かつ重大な影響を与えるような行為が行われるすべての領域において、設定されねばならない目標のことである。ここでいう重要な領域とは、経営上のいかなる決定によっても影響され、従って経営上のいかなる決定を下す際にも充分考慮にいれられなければならない領域のことである。それらは、事業経営が具体的に何を意味するかを明らかにするとともに、事業が達成すべき目標と、その目標を達成する方法とを明示している。

これらの重要な領域における諸目標とは、次の五つのことを可能にするものでなければならない。

(1) 事業の全活動を簡潔な言葉で適確にまとめて表現すること。
(2) 実際の経験に照して右に述べたことの適否を判定すること。
(3) 事業にとり必要な行動を予示すること。
(4) 決定を下す前に、その決定が健全なものかどうかについて評価すること。

(5) 実務にたずさわっている事業家が自分の体験を分析して不充分な点を見付け、将来の指針を得られるようにすること。

最大利潤の追求をもって事業の目標とする説が棄てられなければならないのは、右の五つのどれをも可能にすることができないからである。ちょっと考えると、重要領域というものは、各事業によってそれぞれ異り、それゆえ、どの事業にも当てはまるような理論は立てられないように思える。しかし、これは事実に反する。確かにある事業はある重要領域をとくに強調し、他の事業はまた他の重要領域をとくに強調するといった差異はある。また同じ事業においても、発展段階によってそれぞれ強調すべき重要領域が異ってくる。しかしどのような事業にあっても、またいかなる経済的条件の下に置かれていようと、さらにはまた事業の規模及び発展段階にいかなる相違があろうと、変りのない重要領域というものがある。つまりこの意味で、どの事業も八つの重要領域をもち、そのそれぞれにおいて、努力の目標を設定しなければならない。この八つの領域というのは、市場における地位、革新、生産性、物的並びに財務資産、収益性、経営担当者の能力と育成、労働者の能力と態度、社会的責任である。(『現代の経営』自由国民社)

以上のうち、「事業の全活動を簡潔な言葉で適確にまとめて表現する」ということは特に大切である。

ある会社で、経営計画書が一〇〇ページ以上にもわたって、くわしく記載してあるのを拝見したことがある。そこで筆者は、上級幹部に向かって、計画書の中から、重要な目標をひろい出して質問したところ、ほとんど答えられなかった、という例にぶつかっている。あまり細かいことまでやたらと盛りこんでもダメであるばかりか、この例のように、肝心なところまでボヤケてしまうのである。筆者は重要事項のみを簡潔な言葉で、せいぜい一五ページ以内くらいにまとめることをすすめた。それ以来、その会社の経営計画は、わかりよくなり、重要事項がよく徹底するようになったのである。

目標の八つの領域のうち、あとの三つの領域について、ドラッカーは、それが量的な目標ではなく、人間に関する質的(原則や価値の問題)な目標であるために、とかくやっかい視され、敬遠されがちであることに警告を発している。企業は人間による一個の共同体だからこそ、この問題を明確にし、具体化することこそ経営者の任務だというのである。

そして、わが国の大部分の企業の経営者は、どのように具体化するかがわからぬままに、教育課とか研修課とかに任せてしまう傾向が強すぎる。

そこには、経営者としての明確な育成目標がないために、企業の真の必要性とは別のところで、次元の低い観念的形式的な講座を外部の専門団体に委嘱してお茶をにごしている。

これでは、訓練担当者は苦労ばかり多くて、実効のほどは期待できない。訓練を効果的にするものは、経営者の明確な育成目標であり、これのない訓練はむしろナンセンスではないだろうか。そして、その訓練で最も大切なものは、外部講師によるものではなくて、本人の仕事それ自体を通じて、上司が行う体験教育でなければおかしいのである。

本人の仕事を通じて教え、職務を通じて鍛える。人間は体で覚えて、はじめて自分のものになる。

本を読むことも結構、外部講師の話もよい。しかし、本人が体験を通じていろいろな疑問や必要性を感じてこそ、それらの教育が本当に役にたつのであって、本人の勉強したい気持ちのないところに、本も講義も効果はない。

3・2 市場における地位

一口にいうと「占拠率」のことである。占拠率とは、ある商品が業界の総売上げに占める比率のことである。

似たような言葉に「占有率」というのがある。これは、ある会社の売上げが、その業界に占める比率である。

意味に多少の違いはあっても、考え方はまったく同じなので、以下は「占拠率」一本で筆を進めてゆくことにする。厳密な意味では不備であるが、あらかじめご了承を願うこととする。

「わが社の売上げは伸びている。だからわが社は成長している」という考え方は間違っているのであることを、まずわれわれは知らなければならない。というのは、売上げが伸びても、それが業界全体の伸びよりも低ければ、占拠率は下がっているのである。それを、売上げの伸びに目がくらんで、占拠率の低下に気づかないのは危険である。

というのは、占拠率こそ会社の死活問題だからである。占拠率が下がってくると、業界における地位がしだいに下がってくる。ある割合以下の占拠率となった企業を、限界生産者（限界商品）という。何パーセント以下になったら限界生産者というかはきまっていない。業種により、業態により、地域により違いがある。しかし、いずれの場合でも、あるパーセンテージ以下は限界生産者なのである。筆者は一般的な基準として一〇パーセントを用いている。

限界生産者になると、まず第一に、商品価格の自主性を失って、優位にある同業者の価格政策にふりまわされるようになる。

つぎに、いろいろな変動に対する抵抗力が弱くなる。たとえば不景気になると、販売業者は在庫品の切りつめをはじめる。まず買入れを中止するのは、限界生産者の商品である。こうなると限界生産者の売上げは、末端需要の減少以上に低下する。当然のこととして、収益は極度に悪化し、市場活動さえ思うようにできなくなる。

これが売上げをさらに低下させる、という悪循環をくり返すのである。反対に景気が回復していっても、販売業者はまず大規模なメーカーの商品の仕入れを増加し、限界生産者は後回しになる。

このようにして、不景気を経験するたびに、優位の企業と限界生産者の格差は開いてゆく。そして、限界生産者の行く先は破綻なのである。

不景気以外の変動によっても、限界生産者はつぶれてゆく。

たとえば、マスター万年筆である。マスター万年筆倒産の原因は万年筆の自由化である。

万年筆の自由化によって、モンブランやシェーファーというような有名商品が続々と輸入された。しかし、デパートや文房具店の陳列ケースの大きさは変わらない。そこで、販売業者はマスター万年筆などの限界生産者の商品を取り除いて場所をつくり、そこにモンブランやシェーファーをならべたのである。こうして、マスター万年筆は売れなくなり、倒産してしまったのである。

この間の事情を法則化したのが、「ランチェスターの法則」である。いわく、「企業の危険度は、企業規模の二乗に逆比例する」。つまり、企業規模が半分になると、危険度は四倍になるということなのだ。強者有利の法則なのだ。

戦後、どの業界でも業者が乱立した。それがしだいに淘汰され、寡占化が進んできたのはすでにご存じであろう。これが、ランチェスターの法則の実証である。そして、いまもなお、寡占化は進んでいるのである。

中小企業の経営者は、占拠率についてあまり考えない人が多い。自社製品の場合には、業界全体の数字がつかみにくい、ということもある。加工業であれば、それは自分の会社で売るのでなくて、親企業が買ってくれるということもある。

しかし、本当の理由は、経営者が占拠率に関する認識が低いところにある。ここに、中小企業の弱さの重大原因の一つがあるのだ。

占拠率への認識があれば、「マイペースでゆく」というようなのん気なことはいっておられるものではないし、「適正規模は何人ぐらいでしょうか」というような、ピントはずれの質問は出ないはずである。

加工業だからといって、安心しているわけにはいかないのである。加工業の場合に問題なのは、親企業なのである。親企業が限界生産者か、そうでないまでも、業界のトップクラスでない場合には、遠からず限界生産者に転落するかもしれないことを考えたならば、ノホホンと構えているわけにはいかないのである。親企業の運命が自分の会社の業績に重大な影響があるのだ。最悪の場合には、親企業とムリ心中させられるかもしれないのである。

だから、占拠率の認識をもてば、たとえ業界の正確な数字はつかめないまでも、なんとかして、大ざっぱな推定数字をつかむことに努力するはずである。またその努力は、かなり実るものでもあるのだ。

そして、そこからわが社の地位を知り、「このままでいいのか」ということを考えなければならないのである。いかなる場合にも、占拠率が下がるということは倒産に通ずるのだ。

大企業ほど、また優秀な経営者ほど占拠率を重視する。

昭和四〇年に起こった「住金問題」(不況対策として鉄鋼の生産調整を行ったときに、住友金属の日向方齊社長が横車を押した事件)の本質は、たんなる売上高というよりは、占拠率の争いなのである。

当時の業界の大勢は、「前年後期」の実績を基準とするというのに対して、日向氏は「今年の前期」の実績を基準にせよ、というのだ。後発メーカーである住金は、占拠率向上のために、社運をかけて和歌山製鉄所の大拡張を行い、急速に占拠率を向上させていたその最中に行われた生産調整であったために、住金の占拠率は、「今年の前半期」のほうが相当高かったのである。

そこで、住金とそれ以外のメーカーとの占拠率争いが正面衝突したのである。住金としたならば、業界の大勢の意見に従ったなら、せっかく手に入れた占拠率を半年も後退させるということは、だれが何といっても、承服するわけにはいかなかったのである。日向氏は、どのような非難を八方から浴びようと、社長として、あれ以外の行動はとれなかったのである。

鉄鋼業界では、かつて、川崎製鉄の千葉製鉄所の建設にからんで、当時の社長西山弥太郎氏と一万田尚登日銀総裁の間に争いがあり、一万田総裁をして、「千葉にペンペン草を生やしてやる」とまで激怒させたことがあった。これも後発メーカーの川鉄の必死の占拠率向上政策がその本質なのである。

鉄鋼業界のみならず、家庭電気業界でも、自動車業界でも、その他セメント、食品など、あらゆる業界の設備競争も、その本質は占拠率争いなのである。この競争に負けた企業は、消え去るしかないのであるから、第三者がどのようにそのムダを批判しようと、経営者を非難しようと、それが占拠率争いであるかぎり、後へは引けないのである。死に物ぐるいの占拠率争い以外に、生き残る道はないからである。

小売業界においてもまったく同じである。デパートはデパート同士で占拠率を争い、ビッグストア（スーパーマーケットの大きくなったもの）はビッグストア同士で、火の出るような占拠率争いをやっている。それだけではない。デパートとビッグストアの間にも、そして一般の小売商店との間にも、三つどもえ、四つどもえの占拠率争いがくり広げられている。そして、そこにも「ランチェスターの法則」が働いて、寡占化が進んでいるのである。

製造業界も小売業界も、また問屋業界にも、世はまさに「大戦国時代」なのである。自分の会社の中のことにしか関心のない企業人は生きる資格に欠けているのである。

激烈な占拠率争いは、マーケットの変貌、消費者の変化、技術革新などと合成されて成長企業と斜陽企業を生み（斜陽企業とは、占拠率の低下してゆく企業のことである）、さらに成長業界と斜陽業界を生む。いかなる場合にも、斜陽化は破綻に向かってバク進している姿なのだ。

あなたの会社の占拠率はいくらか、それは上昇しているか下降しているのか。あなたの会社の得意先は成長企業か斜陽企業か。もしも、そこに斜陽の兆候がみえたら一大事である。そのような場合に打つ手は二つしかない。一つは占拠率向上策であり、もう一つは、斜陽業界または斜陽製品との訣別である。どちらの手が正しいかは、個々のケースによって異なる。

事態を判断し、どのような手を打つか、打たぬかが、あなたの会社の将来をきめるのである。

以上は占拠率低下の危険である。ところが、「占拠率が高すぎる危険」があることを忘れてはならない。

占拠率がある程度以上に高くなると、強敵がないために安心し、その上にあぐらをかいてしまう危険がある。

こうなると、革新的なことは喜ばれず、また顧客へのサービスを忘れてしまう。かくて顧客の不満はつのってゆき、新しい供給者の出現を望むようになる。そして、いったん新規の競争者が出現したときには、顧客は待ってましたとばかり、これにとびついてしまう。

ある会社の販売部長は、「独占的な商品ほどこれを切りくずすのがやさしい」という意味のことを筆者に語ったのは、この間の事情を物語っているのである。

独占的な企業は、このように新しい競争者にたやすくつけこまれるし、経済変動に対処する能力が弱く、いったん下り坂になると、いっぺんにくずれ去る危険がある。

企業というものは、ある一定の市場地位以下に落ちてもいけないし、一定以上になってもいけないのである。

われわれは、常に市場地位に関心をはらい、市場地位確保のための目標をきめてゆかなければならない。そこに斜陽の兆候を発見したならば、機を失せず対策をとる必要があるのだ。つまり市場活動の目標であり、斜陽製品の廃棄の目標であり、あるいは斜陽業界そのものからの脱出の目標なのである。

3・3 革新

革新とは、経済的成果を高めることをねらいとした構造的な変革であって、合理化とは違うのである。

合理化とは、いまあるものを能率化し、あるいは低原価化するものである。合理化はそれ自体大切であって、経営の有力な武器であることは、筆者のかつての専門が生産技術（IE）であっただけに、よく知っている。

しかし、合理化は企業を発展させる「きめ手」ではない。いな、あまり合理化に熱心になって能率病にかかると、逆に企業にとってマイナスになる。

なるほど、能率化すれば工数は減って原価は下がる。だが、特定製品についての能率化の効果は、しだいに小さくなってゆく、反対に能率化のための投下資本や経費は増大してゆく。合理化には限界があり、しかもその限界はあまり高いところにはない。

一方、企業の内部費用は確実にふくれ上がってゆく。初めのうちは能率化によってその経費を吸収できる。しかし、しだいにそれがむずかしくなり、ついには経費を吸収できなくなってしまうのである。しかも、製品の値下がりがこれに拍車をかける。こうした状態に追い込まれると、会社をあげてさらに能率化に取り組む。しかし、限界に近づいているだけに効果は上がらず、低い業績に泣く会社を筆者はたくさん知っている。

もっと大きな問題がある。それは、合理化・能率化には、商品の斜陽化を食いとめる力はないということである。斜陽化は、企業外の市場の変貌によって起こるものだからである。企業内の合理化とは無関係な要因によって斜陽化が起こることを、意外なほど認識していないのは、いったいどういうわけなのであろうか。

いかなる製品も必ず斜陽化してゆく。ただ、その寿命に長短があるだけである。フラフープのように半年という短命もあれば、アスピリンのように七〇年の齢を保っているものもある。

斜陽化の前兆は競争の激化である。競争が激化すれば値下げしなければ売れなくなる。こうして収益性の低下が始まり、斜陽化に一歩をふみ出す。さらに進むと、売上げの頭打ちから低下に転じ、それに加速度がついてゆく。

昭和四二年の春、世の好況をよそに、斜陽のオートバイ業界は大減産となり、某メーカーのごときは、三カ月間に生産が半分以下に落ちてしまった。こうなると、もう能率も蜂の頭もないのだ。これが斜陽の現実である。

ところが、現在の経営学と称する（本当は大部分が、組織管理の理論と能率のテクニックであって、経営学ではない）ものは、客観情勢の変化にはぜんぜん関心を示さず、ひたすら内部の合理化に専念し、能率と低原価の実現にうつつをぬかしている。そして、そうすることが、経営の正道であるかのような教え方をする偉い先生がたがあまりにも多い。こうして企業体の人びとの考えを間違った方向に向けてしまう罪悪は、能率化の効果を相殺してしまうだけではなく、多くのマイナスをもたらしているのだ。

経営者が内部の能率にのみ目を向けて、外部情勢への注視を怠り、その変化に対応することができないならば、その企業は一巻の終わりである。

経営者としての正しい態度は、常に関心を外部におき、その変化に対処するために、内部態勢をどのようにするか、というのでなければならない。

斜陽化する製品にかわる収益性のよい新製品開発の目標をどのようにきめたらよいか、陳腐化してゆく販売チャネルにとってかわる効率的な新販売チャネルは、どのような目標のもとに選定したらいいか、という構造的な変革こそ革新なのである。このように考えてくると、革新は攻撃的というよりは、むしろ防御的なものといえそうである。

経営者の仕事というのは、このように常に未来なのである。わが社の優秀な未来を築くために、現在何をしなければならないか、が経営者の正しい関心と態度なのである。

この未来を築く仕事は、とてつもない難事業なのである。これは経営者以外のものにはたやすく理解できるものではない。

企業の幹部の態度として最も大切なものの一つは、経営者の役割は未来事業にあることを理解するとともに、その難事に思いをいたし、経営者にいらざる内部の心配をかけないことである。これが補佐のまず第一なのである。

従来のマネジメントの思想は、これとは逆に、経営者はもっと内部をよくみなければいけない、というまったく間違った哲学を吹きこんでいる。その罪は万死に値するといえる。

だから、管理者の中から、「もっと内部のめんどうをみてもらいたい」というような声がでてくる。どこへ行ってもきかれる声に、「トップの無理解」というのがある。筆者にいわせたら、そういう声の大部分は、管理者がトップの立場を理解できないところから起こっているのである。トップが内部のめんどうをよくみられないからこそ、部長や課長が必要なのだ。そこのところを間違えてはいけないのだ。幹部の関心は、まずトップに向けるのが本当なのに、従来のマネジメントの思想は、「部下」一本ヤリである。まったくため息がでる。

革新で、とかく忘れられやすいのが、販売の革新である。どのように優れた製品でも、売れなければスクラップなのだ。企業の収益は売れてはじめて生ずる。売れないうちは費用が発生するだけなのだ。つくりさえすれば、これを売価に換算して資産に計上するという会計理念は、税務署のためのものではあっても、断じて企業体のものではない。

販売力の弱い企業は伸びないだけではなく、斜陽会社になり下がってしまうのだ。「うちは下請加工だから営業活動に力を注ぐ必要はない」と考えるのは間違いである。逆に、下請加工なればこそ、なおのこと営業活動を活発化し、有利な仕事をとり、引き合わない仕事は切ってゆかなければならないのである。

ある成長業界の中でいつも黒字と赤字の線を行ったり来たりしている斜陽会社がある。その会社の人事方針は、優秀なものを生産部門と総務部門に配置し、成績の悪いものは営業部門に左遷するというのだ。

古いノレンと高い技術を誇りながら、当落線上をさまようこの会社が、もしも販売第一主義に変わったなら、たちまちのうちに、業績はまったく変わって、優秀会社の仲間入りをするであろう。

論より証拠、優秀企業は必ず営業に強い、そしてトップ層に販売の神様がいる会社は最高に強い。松下電器は御大の松下幸之助会長、トヨタ自動車には自販の神谷正太郎社長、ソニーには盛田昭夫副社長、本田技研工業には藤沢武夫副社長がいるのである。

もしも、あなたの会社の業績が上がらないならば、「販売力は弱くないか」という疑問を必ず投げかけてみる必要があろう。

優秀企業の条件は、収益力の高い製品を開発できることと、これを有利に販売できること、この二つに最終的にしぼられてしまうのである。一口にいえば、製品と販売の革新力である。だから、革新の目標は、重要なうちでも特に重要な目標であって、これを欠いた企業目標などは、気の抜けたビールみたいなものでしかないといえよう。

革新はごく徐々にしか進まないことを、われわれはよくよく心しておく必要がある。現に優秀な企業というものは、過去において一〇年あるいは二〇年にもわたる、先輩の革新の努力の賜であって、現在はその遺産で食っているかもしれないのである。もしも、その上にあぐらをかいて、将来に対する布石を怠れば、やがてその企業は没落してゆく。現在において、たえ間ない革新の努力を続けるもののみが生き残り、業界の指導的地位につけるのだ。

革新の道は遠くけわしい。ローマは一日にして成らないのだ。常に三年先と一〇年先を考えて、革新の手を打ってゆく、という心構えこそ肝要なのである。

革新を推進してゆくうえで、特に大切な留意点を三つあげよう。

第一は、革新業務は独立の部門として他と分離することである。部門として分離するほどでない場合は、専任者をきめることである。

分離をしないとどうしてもむずかしく、革新がおろそかになり、手なれた仕事に向いてしまう。そのうえ、革新が進まない理由として、「忙しくて革新業務に回らない」という責任のがれに使われるからである。

しかし、本当に大切なのは、トップの姿勢である。独立させて専任させるという、そのこと自体にトップの決意を見せるのである。場合によったらトップの直属もよい。いや、そのくらいにするのがむしろ本当である。

第二にはその責任者である。それは絶対に人材かつ適材でなければならないということである。日常のくり返し仕事ならば、人材と凡材にそれほど大きな差がでない。しかし、革新に関しては人材と凡材では天地の差ができる。というよりは、凡材に革新を命じたために、その狙いとは逆に、まったくの荷物になってしまっている企業をしばしばみかけるのである。

革新の成否は人によってきまる。こと革新に関しては、組織で仕事をするというわけにはいかない。あくまでも特定個人の能力にかかっているのだ。革新部門を組織化することは大切である。だが、組織化したから、それで革新が進むと思うと間違いである。その中心となる人材を得なければ、革新などできるものではない。

だから、革新部門の責任者は、企業内での最適と思われる人をあてなければならない。たとえ、その人が抜けることによって、その部門がどのような打撃をうけようと、あえて強行することが必要なのだ。それは苦しい決定である。その苦しい決定をあえて行わねばならないのがトップであり、その苦しい決定が会社の将来を左右するのだ。間違った人間関係や温情を、断乎としてはらいのけなければならないのである。

第三には、対象をしぼることである。最少数の対象に、資源と努力を集中することである。ある会社で、たった一五人ほどの研究員で、なんと八〇のテーマをもっている、という例にぶつかったことがある。当然のこととして、どれもこれもかじりかけになっていて、成果はほとんど上がっていなかった。その中には、すでに四年前に完成していなければならないものまであった。そんなものは、もう時期を失して意味がないのであるにもかかわらず、捨て去られていない。もう何をかいわんやである。責任者がボンクラだとこういうことになる。いや、本当はトップがダメなのである。この会社は大幅な実質赤字を、土地を売った売却益でカモフラージュしていたばかりか、配当まで行っていたのには、あきれ返るばかりであった。

むろん革新や研究の対象は、候補としてはたくさんなほどよい。しかしそれらを一度に手をつけたってダメにきまっている。実際活動は、それらの候補からしぼりにしぼって、少数にしてしまうとともに、優先順位をきめるのである。

そして、明確にスケジュールを含めて推進するアメリカの宇宙計画は、スケジュール化の見本である。いわゆる「スケジュール方式」か、全面責任をとる「プロジェクト・マネジャー方式」かのどちらかにきめるのがよい。特に、実用化の段階ではスケジュール化が大切である。集中の原則を貫いて、大きな成功をおさめている好例はソニーである。

「二兎を追うものは一兎をもえず」ということわざは、近代的な企業の革新にも当てはまるのである。

新製品の開発はむずかしく、新販路の開拓もむずかしい。しかし、何といっても最大の難事は「捨て去るという革新」である。

費用ばかりかかってあまり収益のない製品、陳腐化した販売チャネル、少額の取引しかない得意先、赤信号の出ている親企業などを、思いきって切ってしまうむずかしさである。

これらは、製品に対する愛着、得意先とのクサレ縁、切ることによって失われる収益などがじゃまをして、なかなか切れないものである。それをあえて切ってゆく決断がなければならない。トップというものは、常にこのような「苦しい決定」をしなければならないのである。その苦しさをさけようとするトップは、経営者としての資格がないのだ。

そしてまた、企業体の幹部はトップの苦しい立場を理解し、正しい決定を補佐しなければならない。部下のほうばかり向いている幹部は、幹部の資格がないのだ。


革新の目標は大企業には必要であるが、中小企業ではそんなことまでする必要はない、と考えるのは間違いである。いや、中小企業なればこそなおのこと、革新の目標を明確にする必要がある。

資本力、技術力、販売力、人材など、何をとっても劣勢に立つ中小企業の生きる道は、旺盛な企図心による革新である。革新こそ、中小企業にとって大企業の圧力に対抗する有力な武器なのである。

これによって、経営の自主性を保ち、好収益をあげて内容の充実をはかるよりほかに、生き残る道はないのだ。

ところで、革新に関して、中小企業はめんどうなことをせずに革新の企画や推進ができるという、大きな強味をもっている。身軽で小回りのきく小規模経営の利点をフルに発揮することが大切なのである。市場の変化も要求も、いち早くとらえることができるのであるから、これに対応することも早くできるのである。

3・4 生産性

生産性というのは、成果に対する努力の割合いのことである。生産性向上というのは、より少ない努力で、より大きな成果をあげることである。算式であらわすと、

生産性 ＝ 産出高（アウトプット）÷ 投入高（インプット）

ということになる。

算式はできても、実際にこれを計算し、測定できるのは、量的な生産性だけであって、質的な生産性の測定は、この算式ではできない相談である。

その量的な生産性の計算も、けっして完全なものではなく、欠陥もあれば限界もある。

それにもかかわらず、なおわれわれはこの算式をつかって、生産性向上のための方策を発見できるし、生産性の目標をかなり明確に示すことができるのである。

では、企業の産出高とは何であり、投入高とは何であろうか。
企業は材料を買い、これを加工して売るという活動をしている。いま五〇〇万円の材料を買って、これを加工して一、〇〇〇万円で売ったとすると、加工賃が五〇〇万円ということになる。式にしてみると、

材料　　　　加工費　　　　売上げ
500万円 + 500万円 = 1000万円

ということになる。この加工賃の五〇〇万円が会社の本当の収入なのである。これこそ、企業が生み出した経済的価値であり、企業の産出高なのである。これを付加価値とよぶ。企業が、外部の価値(つまり材料)に付け加えた経済的価値だからそうよぶのである。

外部から買入れた材料は、企業の外部でつくられた価値であるから、これを売上げから引いてしまわなければ、ほんとうに企業が生み出した価値はわからないのである。

商社の場合には、売上げと仕入値との差額が付加価値である。粗利益とか差益という言葉が一般につかわれている。

材料費といったのは、説明の都合上外部価値を代表させたのであって、外部価値というのは、材料費、購入品費のようなものと、外注費などのサービスを合わせたものである。ひっくるめ

て、「外部価値」という。

前の例にもどって、五〇〇万円の付加価値をうるために、人件費二〇〇万円と経費二〇〇万円を費したとするならば、

付加価値　　人件費　　経費　　利益
500万円－(200万円＋200万円)＝100万円

となる。この人件費と経費は、会社の内部で費されたものなので、「内部費用」という。この内部費用が、「企業努力の原価」なのである。これが総投入高である。

付加価値を文章によって定義づけすると、

「付加価値とは、企業が製品またはサービスを売って得た総売上額から、その売上げのために外部から買入れた原材料またはサービスの総買入額を引き去った額である」

となる。

ところで、外部価値と内部費用は特性が違う。この特性を知っておくことが、生産性向上に大切なのである。

外部価値は、売上げに正比例して増減するという特性をもっている。売上げが三割増せば外部価値も三割多くなり、売上げが二割減少すれば外部価値も二割少なくなる。このために、外部価値のことを「変動費」または「比例費」という。

内部費用は売上げの増減に比例して増減しない。売上げが二割上がっても、三割下がっても、内部費用はごくわずかの増減はあっても、ほぼ一定の額である。そのかわり、期間に比例して増減する。期間が二倍になれば内部費用もほぼ二倍かかる。このように、売上げの増減に比例して増減せず、期間に比例して固定的に発生する費用なので、「固定費」または「非比例費」という。

ここで前掲の生産性の算式にもどろう。企業の生産性はつぎのように表現できる。

生産性＝（産出高÷投入高）＝（付加価値÷固定費）

この算式は割算である。だから答えを大きく、つまり生産性を向上させるには、

一　分子を大きくする……付加価値を大きくする
二　分母を小さくする……固定費を小さくする

ようにすればよいのだ。

まず第一に、付加価値を大きくすることについて考えてみよう。その方策として、

一　売上げを伸ばす
二　材料を安く買う
三　材料の歩留りを向上する
四　VAなど、設計変更や標準化による材料費率の低下

五　外注単価をたたく

というようなことがあげられる。しかし、これらの方策は、初めのうちは効果があっても、すぐに限界にぶつかってしまう。たちまちのうちに増大する内部費用をまかなうことができなくなるのは目にみえている。

それにもかかわらず、従来の能率学は、この現実に目を向けようとしない。というよりは、ぜんぜん気がついていないのだ。そして、馬車馬みたいに能率化にうつつをぬかし、低収益に泣く。その低収益の原因は能率化がたりないのだ、というわけで能率化に熱中する。このような、まったくの誤った考え方にこり固まっている。いや、こり固まらせた能率の先生がたに対して、筆者はかぎりない公憤を覚えるのである。

能率化によって継続的に必要付加価値を生み出すことは、もともとできない相談なのである。継続的に必要付加価値を確保する道は、たえず収益性のよい製品をとり入れるとともに、収益性の悪い製品を切ってゆくという、構造的な変革なのである。

あえて革新の項との重複をもかえりみず、ここでも同じ主張をするのは、正しい考え方があまりにも理解されず、能率のとりこになって、泥沼にはまりこんでしまっていながら、なおもその誤りに気がつかない企業が多すぎるからなのである。

第二に、内部費用を小さくすることである。ところが、これの絶対額を小さくすることは、きわめてむずかしい問題である。それどころか、非常な勢いで増加してゆくのが普通である。そこで、何とかしてこれを食いとめようと、いろいろな手が打たれる。いわく「経費節減」、いわく「直間比率の改善」などである。

しかし、ほんの一部の企業を除いて、それらの手がほとんど功を奏していない。その原因は何であろうか。一つは費用の実態をよく知らないことと、打つ手が技術的すぎるというところであろうか。

まず、費用というものは、費用の絶対額うんぬんではなく、成果対費用の比率が大切だということである。経費をいくら少なくしても、それが付加価値増大を阻害するようなことになれば、何にもならないのである。

この意味で、まず重視しなければならないのは、未来事業費である。未来事業にたずさわる人間と経費は、革新の目標に対してうんぬんされるべきであって、たんなる経費節減という考え方で処理してはいけないのである。不用意な未来事業費の節減は、企業の将来を危くする。ところが、現実には随所でこの危険な経費節減が行われているのだ。ここにも指導理念の欠陥がみられるのだ。まったくやりきれない気持ちになる。マネジメントの指導理念には、なんとしても欠陥が多すぎるのである。本当は、他の経費を極力節約して、浮いた費用を未来事業に投入する、という態度でなければならないのである。

未来事業費以外の経費をどのように考えたらいいだろうか、経費には統制可能な費用と統制不能な費用がある。家賃・地代とか、公租公課などの統制不能費は節約のしようがない。しかも統制不能費は、経費のうちの相当の部分を占めているのである。

残る統制可能費は、費目の数が多く、一つひとつの費目の金額はあまり多くない。したがって、節約してもたいした金額にはならない。だから、「経費一割節減」なんて目標を気安く打ち出してみても、とてもできる相談ではないのだ。

ある倒産会社で、倒産二年前に社長が打ち出した「業績回復計画」はほとんど一〇〇％経費節減で、鉛筆一本までうるさく節約を説き、封筒を裏返して使うというキメの細かいものであった。しかし、肝心の付加価値増加のほうは何もなかったのである。こんな会社は倒産しないほうが不思議なのである。

本気で経費節減による経済的成果を期待するやつはバカだ。経費節減というものは、日常の「しつけ」としてやるものなのだ。

不景気になると経費節減が流行する。しかし、そんなものは人のうわさと同じで、七五日すぎたら、だれも気にかけなくなるのだ。

経費は節減するものではなくて、「削減」するものなのだ。削り取ってしまわなければダメなのである。削り取るというのは、ある活動そのものをやめてしまうということである。むろん、これによる経費の節約額それ自体は、たいしたものではない。それよりも、むしろ、つぎに述べる間接人員の削減に密接に関連し、その面で大きな成果を期待できるがゆえに大切なのである。

幸か不幸か、企業体には削り取ってもさしつかえない、というよりは削り取ってしまったほうがよい活動がたくさんある。

日常業務の中の相当な部分は、事後処理業務である。事後処理業務は、どのようにりっぱに処理しようと、すでにつくられた数字を、ただの一円でも変えることはできないのだ。そんなことよりも、われわれは、よい数字をつくり出す活動にこそ精力を注ぐべきなのだ。そのほか、統計、報告書など、不必要なものや用途の不明なもの、ごくまれにしか起こらない誤りをチェックするためのものなど、なぜこんなつまらない記録をとっているのかわからないものが、驚くほどたくさんあるものだ。中には、「責任のがれのための記録」もある。しかも意外に多いのだ。もう一つ、「上役が要求しない報告書」がある。これは相当念入りにつくられているのが普通である。いかに念を入れてつくろうと、相手が見てくれないのでは、ないのと同じではないか。

とにかく、削り取ってもいい活動は、想像以上に多いのだ。これにメスを入れるのだ。この場合に、技術的なアプローチは厳禁である。

伝票、帳簿、報告書、統計表、管理図などを集めて、ながめながら考え、要不要を判定してゆくのが最もよい。こうして、不要なものをバサバサ切ってゆくのだ。これができないような幹部は、その資格を疑われても仕方がないであろう。

もっともらしい近代的管理手法や制度と称するものほど、不要なものが多く含まれている公算が多いことを心得ておくべきであろう。

不要な活動の削減は、間接人員の削減に通ずる。わが国の企業は、なんといっても間接人員が多すぎる。これが、アメリカからきたマネジメントの手法を導入したことによる場合が多いのだから、何のためのマネジメントなのかわからない。いりもしない制度や統制を、もっともらしい理由をつけて導入し、導入しすぎて間接人員が多すぎてしまったから、それを削るのに、こんどは「職務分析をやれ」というのだ。まったくあきれかえった話である。

職務分析をやっても、九〇%まで間接人員の削減は失敗するのだ。

職務分析をやっても、人員を節減できるというデータはまず出てこない。本人が自分の仕事を調査表に書くかぎり、自分に都合のよい書き方をするにきまっている。つまり、勤務時間いっぱいに仕事がある、という書き方をするのだ。調査の専門屋さんは、まず第一に、ここで人間の心理を知らずに誤りをおかす。

つぎに、それを分析し、改善して少数の人間ですませる計画をたてれば、当事者から猛反対を食うにきまっている。それを黙ってのむことは、いままで非能率な仕事のやり方をしていて、余分な人間をかかえこんでいた、ということを自分で認めたことになるからだ。

これが人間の心理として当然なことなのだ。このへんのところになると、能率屋も考えなければ、人間関係論者もふれていない。まったくの空白地帯になっているのだ。これだけでなく、人間の心理を無視した空白地帯が、現在のマネジメント論の中には、随所にみられるのだ。そして、それがいろいろな混乱をひき起こしているのだ。

間違いだらけ、欠陥だらけ、空白、矛盾、そのようなものに満ちているマネジメント論を、われわれは無批判に信用しすぎる。そして、うまくいかないのは、当事者や上司に理解がない、というのだから困ったものである(拙著『マネジメントへの挑戦』はこれをついているのだ)。マネジメントの理論は、その本質は経験の理論なのだ。すぐれた結果を生んだ理論のみが正しいのであって、学問の体系なんかどうでもよいのだ。ましてや、現在のマネジメントの理論の大勢を占める観念論では絶対にないのである。

いまや、伝統的なマネジメント論は、変転する客観情勢に対処してゆかなければならない企業体にとって、むしろ、じゃまになってきた。全面的に再検討というよりは、すて去る時期にきているのだ。そして、真に経営のためになる、新しいマネジメントの理論を築きあげるものは、実践家以外にはないのだ。幸いなことに、そのすぐれた理論が、実践家によって着々と築かれつつあるのは心強いことである。

話を本題にもどそう。……

間接人員の削減の目標は、人件費の目標からきまるのであって、職能の分析からきめるのではないのだ(第4章で詳述)。

きびしい現実は、相当なムリを要求する。ムリでもなんでも、それでやらなければならないのだ。ムリな目標人員で、必要な仕事をするにはどうしたらいいかについて、考え抜き、やり抜かなければならないのだ。当然のこととして、「やめてしまう活動」が出てくる。これが経費削減のところで述べたことなのである。トップまたは幹部は、これを部下にやらせるときに、「これはもともとムリなのだ。しかし、ムリであろうとなかろうと、これをやらなければ生き残れないのだ。そして、君ならばこれができると思っている」

という説得をするのだ。

上司がムリだと自ら認めているのだから、下のものはムリだとはいえない。そして、それをやりとげることは理屈ではないのだし、ムリをやりとげたら、それは当人の努力の賜ということになるのである。これが人使いのコツの一つなのだ。そして、これはたくさんの実績に裏づけられている説得法なのである。

筆者は自分のコンサルティングの場合には、

「もしも、その人数でできなければ、私のところへ申し出てもらいたい。どうしたらできるかを、いっしょに考えましょう」

ということにしている。その結果は、私のところへ申し出る人はほとんどいないのである。

生産性の目標を設定し、測定するときに、細分していろいろな尺度を使うほうが便利である。その主なものをあげると、

・総資本生産性 ＝ 付加価値÷総資本

・有形固定資産生産性 ＝ 付加価値÷有形固定資産（建物、装置、設備などに分けられる）

・労働生産性＝付加価値÷人員または労働時間（全員、直接員、間接員などに分けられる）

・賃金生産性＝付加価値÷賃金（全員、直接員、間接員などに分けられる）

というところであろうか。もしも、右記以外の生産性を測定したい場合には、測定したいものを分母にすればよい。

右記のうち、有形固定資産については問題がある。有形固定資産には減価償却がある。そのためにいろいろの説が出てくる。簿価にするのか、取得価格にするのか、それとも時価が正しいのか、ということである。

これを論議していると際限がない。そこで生産性という面から考えて、取得原価をあてるのが比較的無難であろう。固定資産の利用価値は、減価償却額ほどは減少しないし、時価の算定はなかなかむずかしいからである。むろん、取得原価にも欠陥がある。一〇年前の一万円と現在の一万円では、実質価値が違うからである。だから、あまり古いものについてはやはり矛盾が出てくるからである。

有形固定資産は、その総額だけでなく、設備額を入れれば設備生産性の測定ができる。

労働生産性や賃金生産性についても、直接員や間接員に分けて測定すると、いろいろな情報が得られる。たとえば、労働生産性について、直接員と間接員を分けてみると、直接員の生産性は上昇しているけれども、間接員の生産性は落ちている、という現象をよく見かけるのである。いろいろな管理手法を導入しても、それが生産性上昇にあまり貢献しないと、こういう現象が起こるわけである。いわゆる管理過剰症である。管理は密度を高めればそれでよい、というものではない。少なくとも従業員一人当りの生産性を、賃金上昇の半分くらいはまかなえるのでなければ、管理などはやらないほうがよいのだ。さらにそのうえに、間接員の生産性自体が上がるのが本当なのである。

そこで、これらの生産性は、たんなる絶対値だけの分析だけでなく、三年間くらい行ってそれを指数化し、傾向をみることが必要なのだ。

絶対値は、他社との優劣比較はできても、たんにそれだけである。大切なことは、それがどのような傾向にあるかということであるはずである。絶対値は悪くとも、それが上昇傾向にあれば心配はないし、絶対値は良くとも、下降傾向ならば危険なのである。

最近の企業の生産性を、前掲の四つについて分析してみると、労働生産性のみ上昇して、総資本、有形固定資産、賃金の三つの生産性は下がっているという場合が多いことに気がつく。これは、主として設備投資によって労働生産性が上昇しているということであり、それにもかかわらず、賃金の上昇を吸収するだけの生産性上昇は実現していないということである。これは、おそろしいことである。賃金生産性が下降してゆく傾向を食いとめなければ、それは倒産に通ずるからである。

労働生産性のうち、最もよく使われるのは賃率（charge rate）である。賃率とは、直接工があげる単位時間当りの付加価値である。

賃率は、つぎの三つについて考える必要がある。

・損益分岐賃率 ＝ 単位期間に必要とする内部費用÷分子の期間の直接工の実際総工数

・必要賃率 ＝ （単位期間に必要とする内部費用＋必要利益）÷分子の期間の実際総工数

・実際賃率 ＝ 特定期間（または特定製品）に上げた付加価値÷分子の付加価値を上げるために投入された工数

右の算式について、若干気をつけなければならない点をあげよう。

まず、たんに「賃率」というだけでは、三つの賃率のうちのどれを意味しているのかわからない。他人、特に他社の人びとと話をする場合には、「どの賃率なのか」をあらかじめ確かめてから話を進めないと混乱する。さらに、内部費用の定義づけについても、具体的に費目をあげて確認をする必要がある。

分母の投入工数についても、生産性測定の場合は、無操業、無稼働時間を含む、つまり賃金支払いの対象となる時間とし、工賃見積りの場合は稼働時間のみとしたほうがよい。これは稼働時間を稼働率で割って工数を出すという二段計算にするという意味である。

損益分岐賃率	円
必要賃率	円

表 1　製品別生産性分析表

品名	生産または販売数量	1台当り付加価値	付加価値計	同左順位	投入工数	単位時間当り付加価値	同左順位	必要賃率に対する指数
計								

賃率は、従来は主として工賃見積りに使用されている。そして、いろいろな混乱を起こしているのである（拙著『マネジメントへの挑戦』参照されたし）。

しかし、本当の使い方は、前向きに生産性の目標を設定し、あるいは測定して、付加価値増大のための道具として使うことなのである。これには、製品別、部門別、そして間接部門の生産性についての分析を行うのがよい。

まず、製品別の生産性分析である。これは**〈表1〉**のような形にまとめるのがよいだろう。この分析表から、われわれは製品混成の目標を設定するための情報を得ることができるのである。まず、付加価値の絶対額とその順位をみて、企業への貢献の度合いを知ることができる。さらに、その貢献の効率を知るために、

一　必要賃率以上をあげている健康製品

二　損益分岐賃率以上だが、必要賃率に満た

表2　部門別生産性分析表

部門	部門付加価値	投入工数	単位時間当り付加価値	基準に対する指数	部門賃金	単位賃金当り付加価値	基準に対する指数
計							

ない貧血製品

三　損益分岐賃率以下の出血製品

に分けてみるのである。そして、付加価値の絶対額とその伸び率、賃率とにらみ合わせて、捨ててゆく製品を考えるのである。

とはいえ、この問題の考え方を間違うとたいへんである。出血製品を切り捨てるだけでは、かえってマイナスになる。それに代わる製品とのかね合いで判定しなければならないのである。基本的な考え方としては、「会社全体でどうなるか」ということである。つまり、どのような収益の増減と費用の増減があるか、という「増分計算」をしなければわからないということである（くわしくは、拙著『あなたの会社は原価計算で損をする』参照されたし）。

つぎに部門別の生産性分析である。**〈表2〉**がその一例である。これは絶対額でみるのではなくて、傾向でみるのが本当である。というのは、

表3　間接部門生産性分析表

部門	サービス対象部門のあげた付加価値	賃金	単位賃金当り付加価値	基準に対する指数	傾向 ↗→↘
計					

製品の生産性のよしあしは、受注価格できまってしまうのであって、部門の長の責任ではない。それを、絶対額でみると、はじめから収益性のよい製品を割り当てられた部門は、成績がよいような評価を受け、割りの悪い製品を受け持っている部門は、いくら努力してもそれを認めてもらうことはできないであろう。

傾向評価とし、指数化してしまえば、合理化の結果をそのまま反映することになるから誤りない判定ができるのである。

この場合に、「前月比」というのはよくない。基準が毎月違うからである。必ず、ある時点を一〇〇とし、一期間はそれを基準とすべきである。

工程が横割りになっている場合は、製品の単位当り付加価値を、各部門の工数比（設備を加味してもよい）によって、その部門の単位当り付加価値を算出しておけばよい。その割りふりには、あまり神経を使う必要はない。傾向評価をするかぎり、割りふりの誤りは消えてしまうからである。

最後に間接部門の生産性の分析である。これは〈表3〉のようなものをいう。

間接部門は、もともと付加価値獲得のための、現業部門へのサービスであるから、この算式が成立する。会社の付加価値がふえないのに、間接部門の人員がふえれば、たちまちその部門の生産性が下がる仕組みになっているところに、注目していただきたい。たとえどのような理由があろうと、この生産性が目だって下がるような増員は疑問であろう。

部門生産性の測定は、なかなか重要な問題であり、そのうえ業績評価とも関連がある。そこで、第6章でもう一度この問題にふれることにする。

3・5 収益性

利益という言葉ほど、たくさんの論議をよんでいる言葉はない。それを、ここであれこれいうつもりもないが、ただ、利益は企業経営にとって、どのようなはたらき（機能）をもっているものであるか、ということをここで確認したい。というのは、この分野はあまり論じられていないからではなく、正しい考え方が意外なほど理解されていないからである。

利益の機能についてドラッカーは、つぎのように述べている。

利益は三つの機能をもっている。第一の機能は、経営努力の有効性と健全性との測定である。つまりそれは、経営の良否を最終的に判定する役目を担っている。

第二に、利益は、事業の存続に必要な諸経費――設備の更新費、市場における危険と不測の事態に対する準備金等――をカバーする資金という機能をもっている。この観点に立つと「利益」なるものは存在しない。あるものは「事業維持費」ないしは「事業継続費」とか呼ばれるものだけである。事業の役割は適当な利益をあげて、このいわゆる「事業維持費」または「継続費」を生み出すことである。この役割は決して生易しいものではなく、また、どの会社もこの役割を充分に果しているとはいえない。

最後に利益は、事業の革新および拡大に必要な資本の調達を確実にする機能を有している。それは、直接的には、社内留保を増大することによって自己金融の道を開き、間接的には、外部資本が事業目標の達成に最も適した形態で流入する誘因をつくり出す。(『現代の経営』自由国民社)

利益の機能のうち、第一と第三については、人びとの理解を得ることができる。問題は第二の「事業継続費」という考え方である。これについて若干の補足説明をしよう。

企業というものは、事業を継続してゆくためには、常にいろいろな危険にさらされている。まず第一にあげられるのは、老朽した設備を更新する費用である。これをやらなければ事業を継続できないのであるから、その本質は最も基本的な事業継続費であることは、だれの目にも明らかである。しかし、税法上では、あくまでも利益に計上されるのである。たとえその取得金額については減価償却として損金で落とすことはできても、それでは取替え費用をまかなうことはできない。常に新たな資金を必要とするのである。そして取替えは、設備だけでなく、人的資源のスクラップ・アンド・ビルドにもまた、費用がかかるのである。

つぎは、旧式化の危険である。旧式な設備や技術では、他社にたち打ちできないことは、わかりきっている。しかし、この旧式化は、予測がむずかしいところに危険がひそんでいる。しかし、それが予測がむずかしいために、それに対する準備金もほとんど用意されていないのである。

旧式化の好例が、小野田セメントの「改良焼成法」である。画期的といわれた改良焼成炉も、それが完成したつぎの瞬間に、さらにコスト安の新技術が開発され、一挙に「旧式化」してしまったのである。

完成したばかりの設備を廃棄することは、大損害である。不利と知りつつ「新しい設備による旧式の製法」による操業を続けなければならなかったのである。あなたの会社の設備も、いつ新鋭機や新技術の開発によって一挙に旧式化するかわからないのである。あるいは、知らない間にジリジリと旧式化しているかもしれないのだ。

このような危険に対処するためには、利益という準備金を必要とするのである。

そのつぎには、製品またはサービスが、いつ斜陽化し、陳腐化してしまうかを予測することができないために起こる危険である。これは市場の変化によって起こるものである。そのようなときに、売上低下による収益低下に耐え、巻き返しのための諸活動も、利益が蓄積されておればの話であって、もしも利益の蓄積がなければ、たちまちに破綻してしまうであろう。

そのつぎは、将来のことを正確に予測することができない危険である。その主なものは、現在開発中の新製品や、計画中の新事業が、いつ成功するかわからないためであり、それが予測する収益をあげないかもしれないのである。しかも、この不確実性は将来ますます増大してゆくのである。

以上は自分の企業自体の危険である。ところが、企業体の危険はそれだけではなく、他の企業の危険までも負担しなければならないことがある。売掛金がこげついたり、約手のサイトを延ばされたりする。その最大のものは、得意先の倒産である。その他材料相場の高騰もあれば、不況による金利上昇もある。

まさに内外のもろもろの危険の中で、企業は生きてゆかなければならないのだ。それらの危険に対処したり、耐え抜いたりするものは、会計上は利益として計上される「事業継続費」なのだ。もしも、利益がなければ、なんらかの変動による危険によって、倒産するかもしれないのである。このように考えてくると、利益とは「もうけ」ではなくて、不測の危険にそなえるための「貯金」であり「保険」なのである。

個人の貯金や保険も、できるだけたくさんがいいにきまっている。しかし現実の問題として、まず考えるのは、「少なくともこれだけの貯金は」ということである。

利益についても、まったく同じことがいえる。できるだけ大きな利益より先に、「最小限度これだけは」という、最小限利益をまず考えなければならないのである。

収益性の目標は、「あげ得る最大の利益」ではなくて、「なんとしても生みださなければならない最小限の利益」なのである。

それでは、必要最小限の利益はいくらなのか、ということはたやすく計算でるものではない。個人の必要最小限の貯金はいくらかを簡単にきめられないのと同じである。

それでも、個人の場合でも不測の事態にそなえて、「収入の一割を貯金する」というような目標をきめるのと同様に、企業の場合にも、ある基準によって、目標利益をきめるのである。

利益目標をきめる最も簡単な方法は、投下資本に対する利子率をもってくる方法である。

松下電器の関連会社は、「二割配当できない会社は一人前ではない」という思想が、その配当を可能にする利益ということになるかもしれない。二割配当というのは、一割は利子負担分、一割は投資報酬だという考え方である。

別の計算法として、配当、役員賞与、内部留保金のそれぞれの目標金額を出し、それを合計して税引利益を出し、それを税率で割って税込利益を出す、という積算法である。

いろいろな計算法はそれとして、ズバリとわかりやすい目標のきめ方があれば便利なのだが、と思われるかたに、簡単な方法をご紹介することとしよう。それは、

従業員一人当り年間税込利益目標として

	メーカー	商社
最低限	二〇万円	三〇万円
普　通	三〇万円	五〇万円
優　秀	四〇万円以上	七〇万円

というようにきめればよい。前にあげた三つの計算法でやっても、ほぼこのくらいになるのである。とにかく、非常に簡単な方法なので、実用にはきわめて便利なのである。商社がメーカーより高額なのは、それだけ危険率が高いからである。

利益は、何年にもわたって継続的にあげなければならないのだ。目前の利益にのみ心をうばわれて、将来に対する配慮を忘れたらなんにもならない。未来事業を犠牲にして、当期利益をあげることはできる。しかし、こうしたやり方は企業の将来を危くする。継続的に利益をあげ、企業を存続させるための未来事業費は、税法上は経費で落ちる「事業継続費」である。

利益目標や実績を公表することをきらう経営者が、まだまだかなりいる。これを公表すると、賃上げ要求が高くなるというのだ。そんなことをおそれていたら経営はできない。そんな経営者は、必ずといっていいくらい、他社より低い賃金しか払っていないのだ。積極的に収益源である付加価値増大の手は打たずに、賃金を低くおさえて収益をあげようとする考え方自体、もう古すぎる。

他社なみ、あるいはそれ以上の賃金を払って、なおかつ高収益をあげるための目標を設定し、方針をきめ、これを全社に公表し、ガラス張り経理で実績を知らせ、全社一丸となって企業の存続をはかる時代である。というよりは、こうしなければ存続がむずかしい時代になっているのである。

こうすれば、従業員も必ず協力する。会社の利益が多いことは、これを知った従業員は、喜び、安心こそすれ、これによって、ムチャな賃上げ要求などはしないものであることについて、筆者はいくつもの実証をもっている。

枝葉末節の労務管理や、ご機げんとりの福利厚生施設など何もせず、定着率一〇〇％、出勤率九九％という会社を筆者は知っている。社宅も寮もなく、購買組合もなければ社員の旅行もない、給食さえもやっていないのだ。

この会社は常に一〇年先を想定し、明確な目標のもとに、積極的な革新を行っている。もちろん、労務管理の基本として、賞与を含めた給与は、同地域のトップを目標として設定し実現している。そして、二〇年間、常に二割配当を続けているという超優良会社である。

この会社は、いまだに「求人難」という言葉を知らない。そして、この会社の労務管理上の悩みは、やめてもらいたい従業員さえもやめない、というゼイタクきわまるものなのである。

3・6 物的資源と財源

物的資源には、原材料などの生産資源と、建物・設備などの物的施設がある。

生産資源については、それが企業の死命を制するし、特殊な情況におかれている企業は、慎重な、あるいは独自の対策をたてている。

林業会社やパルプ会社のように、五〇年を一サイクルとしての長期計画もあれば、地下資源の開発に社運がかかっている企業もある。アラビア石油などはこの典型である。

大豆、綿花、ゴムなどの国際商品は、ニューヨークや、シカゴや、シンガポールの商品取引所で相場を張りながら、原料手当をしている。

それらの、むしろ特殊ともいえる会社以外は、原材料の確保について、あまり重要視していない会社が多い。しかし、ある中堅紡績会社の社長が豪州の気象とニラメッコしながら、水ぎわだった羊毛の買いつけをしている、というような実例を見せつけられると、原材料について明確な政策をもつ必要性を強調せざるをえないのだ。同程度のゴム会社で、一方は商社から原料を買入れ、他方は自ら相場を張って、原料面でも収益をあげているという例もある。

相場だけではない。技術革新による原料革命は、新原材料をつぎつぎと生み出し、しかも、わずかの期間に急ピッチの値下がりをするものも珍しくない。この面への注視も怠れないし、特約か競争見積りかも考慮する必要がある。

中小企業で、商社の口車にのせられて、材料を「ひもつき」にしようとしているのを、筆者が危くやめさせたこともある。「利はもとにあり」という平凡な真理も、現実は実にさまざまなあらわれ方をするのである。

買入部品もまた物的資源である。その供給源についての明確な方針をたてている会社もまた少ない。系列化とか育成とかいっても、たぶんに、ご都合主義的なところがある。利用するだけ利用して、というよりは、絞り取るだけ絞り取って、あとはボロ切れでも捨てるように、捨ててかえりみない会社には義憤を感ずる。もっとも、捨てられる会社もあまりほめられることではないのだが……。

目先だけの利用や、浪花節的忠誠心を要求するのではなくて、明確な育成方針を打ち出すべきである。それが結局は自社に利益をもたらすことになるのだ。とはいっても、これはきわめてむずかしいことだ。これには、系列下の企業の経営指導が必要である。だが、経営指導などできる人間は、めったにいないからである。それだからこそ、筆者はなおのこと、なんとかならないか、と思うのである。そして、「松下連邦経営」という生きたお手本があるのだ。

物的施設は、大きな資金を長期間固定してしまうだけに、物的資源とは別の意味で非常に重要である。かつて、「優等生の落第」だといわれた、あるバルブメーカーの倒産は、不況期に工場用地を買って、運転資金を固定化させてしまったのが、倒産の直接の原因だといわれている。

山陽特殊製鋼の、あのムチャクチャな設備投資に、企業を破綻に追いやる経営者の経営態度があらわれている。（＊1）

好況に気が大きくなり、身分不相応な拡張や設備投資を計画し、それが完成したときには不況になっていて、稼動しないばかりか、建設費の支払いにも窮する。このような例は多い。「設備投資は不況時に行え」というのは、一理も二理もあるのだ。

ある会社で厚生寮の計画をしていた。その会社はここ数年、業績は低下し続け、赤字の一歩手前なのだ。厚生寮どころの話ではないはずである。理由をきいてみると、「無利子の金が借りられるから」というのだ。どうもわが国の経営者は、貸してくれるものはなんでも借りなければ損だと思いこんでいる人が多すぎる。そこで、借りる金は無利子でも、それだけですむはずがない。それが収益を生む投資であれば話は違うが、厚生寮では収益は生まない。いや逆に維持費がかかってゆくのだ。無利子といっても、返済するときは利子のついている金で返済をするのだ、やめたほうがよい。いま、あなたの会社では厚生寮をつくることよりも、業績を回復して、一日も早く世間なみの賃金とボーナスを従業員に出すことのほうが先なのだ、と説得してやめさせたことがある。

また、これも業績不振のある会社である。ある年から、固定資産の生産性がガタ落ちしたので、その原因を調べてみたら、デラックスな海の家を買い、社宅をたくさん建てている。

海の家は、ライバル会社がそうしたので、それに対抗するためだという。妙な対抗意識もあるものだ。そのうえ、さらに本社ビルの新築を計画しているというのだ。経営者は何を考えているのかサッパリわからない。「本社ビルを建てると会社はつぶれる」という、パーキンソンの法則（＊2）は、この会社にりっぱに生きていたのだ。

つぎに登場する、これも業績のあまりよくない会社の、新設工場を見学したときのことである。りっぱな食堂ができていて、将来工場がフル稼動したときの人員を全部一度に収容できるというのだ。それまでは半分遊んでいるわけであり、逆に維持費はかかるのである。いささかムダである。だいいち、なぜ従業員を一度に全部収容しなければならないのか。筆者は、生産や研究には、惜しげもなく金を投じながら、食堂のような収益を生まない施設は最小限度にとどめて、時差利用をしている優良会社を知っている。ずいぶん経営者の考え方が違うものである。

もう一つ。やはり業績の悪い三〇〇人たらずの小企業である。社長は車で五分くらいの通勤用に外車を使い、電話の交換機を入れて専属の交換手を二名おき、守衛所を建て、りっぱな広接間を二つもつくり、ロッカー室と厚生寮をいま計画中だというのだ。工場や生産設備に関する計画をきいたら、何もないという。「どこかがくるっている」としかいいようがない。

せめて昼間だけでも、二人いる交換手が受付をかねて、守衛は夜間だけとし、ほとんどお客用には使わない社長の乗用車は、国産の中型車にできないものかと、ため息をついたのである。

それにつけても、りっぱなのは松下電器である。設備投資のタイミングのよさは、販売のうまさからきているから、ここでは論じないことにして、設備投資の規模である。……

岩戸景気とさわがれた昭和三四～三六年のころ、同業者は、時流にのって、大規模な工場を建設した。東芝など、このときにつくった重電機工場の負担が、その後の悲劇を生んだという。そして、ようやくフル操業が可能になったときには、もはや最新鋭ではなくなっていたのである。このころ松下は、フル操業を前提にしないと、事業部は投下資本に対する利益率が悪化するので、従業員三百人から五百人の小工場を分散して建設した。

結果的には、これが従業員の現地採用度をたかめ、寮、社宅などの福利厚生設備を少なくし、その建設費、維持費の分だけ賃金の支払能力を増したのである。労働力不足時代を先見したようなかたちになったわけだ（『松下イズム』清水一行著）。

常に「設備のフル操業をねらう」という方針は、それ自体だけでなく、連鎖的に好結果をもたらしているのだ。世の中なんてこんなものである。何かよいと好循環を起こし、何かがわるいと悪循環が始まるのである。

松下電器は設備のフル操業だけをねらっているのではない。設備そのものにも、きわめてきびしい態度でのぞんでいるのである。それを、九州松下電器の佐賀工場の建設にみよう。

九松は、昭和三九年に乾電池工場の新設を決定した。その際、高橋（筆者注――松下電器副社長・九松社長）が青沼（筆者注――九松専務）に指示した基本事項は――

▼画期的な輸出専門工場、国内生産はやらない。

▼きびしい国際競争に勝つため、製造コスト、金利コスト、品質とくに管理コストを徹底的に追究する。

▼そのかわり、場所も青沼のかって、スケールも自由。

――ただしはじめからいっておくが、〝建設もコスト〟だよ。

建設勘定は、バランスシートのうえでは資産になるが、すべてコストにかかってくる。それゆえ建築も生産設備と考え、当事者がみずからやれ！と命じられた。

予算総額は、概算一億五、〇〇〇万円だったが、高橋は松下会長に「徹底的にキビしい建設をやらせてみたい。もしかすると切り詰めすぎて失敗するかもしれないが、そのときは九松の経営者を育成する授業料として、認めてやってほしい」と所信をのべ、了承を得た。

青沼は、敷地を佐賀に選定、秘密裡に買収交渉を進めながら工場建築を業者に見積もらせた。相当切り詰めた見積書だったが、高橋は承知しなかった。市価の半値で建てろ！という。「これだったらだれでもできる。できないことをやるのがほんとうの仕事だ」と譲らない。

青沼は、工場長候補の平井と若い技術者の山田を呼び、図面と仕様書の自作を命じた。構造はアーチ式、部材はH型鋼、壁体はブロック、窓は熱線吸収ガラス、屋根はカラー鉄板にした。普通の亜鉛引鉄板だと一年にいっぺんの塗替えが必要だが、メラミン焼付けのカラー鉄板ならイニシァルコストは張るが、一〇年保証付である。使用材料はすべて自社購入、材料支給で請け負わせ、ついに市価の半額の建築に成功した。

高橋　佐賀工場の場合「建設から製造コストだ」という考えに立つと、まず建設費のコスト切下げに成功しなければならない。同じ乾電池をつくっている久留米工場は償却が進んでいるから、帳簿価格はもうわずかです。こちらは、当面単三乾電池、三〇〇万個の計画……建設費は一億五、〇〇〇万円が限度。そうすると、通常の建築と考えておったらとても……。そのかわり、会長・社長の決裁で本社の施設に関する規定は、全部取りはずした。ただし、四国の寿電工の稲井社長にはよく教えてもらうように……。それだけが私の具体的な要求でした。

問　半額で建つという見通しはありましたか?

高橋　名古屋でもう三〇年以上も使っている工場ですが、わたしは坪二三円で建てた。バラックでも三五円かかった時代です。真中にコンベアを二本通すため柱が立てられない。勢い梁が太くなる。それを板材とボルトで解決した。

わたしがやったとおりいまやれるかどうかわからないが、これだけしか金がかけられないということになれば、そこに新しい創意が生れてくる。……結局、途中で二、〇〇〇万円だけ認めてくれという。当初、鉄サッシュの予定だったが、補修費を考えるとアルミサッシュのほうがはるかに原価的に有利だという結論になったらしい。「それなら結構だ」と——。最終的には期待どおりでした。

青沼は建設過程で一回だけ高橋にしかられている。グリーン・ベルトの幅を一・五メートルにしたときである。高橋はメジャーで実測し「一・二メートルでいいのと違うか」といった。これで青沼は二時間しぼられた。

高橋　佐賀工場の前庭には芝生の大きなのがある。しかし、あそこは後で工場を建てるから、いずれなくなる。ところがグリーン・ベルトは永久に維持費がかかるから、建設費だけではすまない。これもコストの一部です。（『松下連邦経営』石山四郎著より）

なんと徹底したコスト感覚であろうか、なんときびしい経営態度ではないか。「できないことをやるのがほんとうの仕事だ」とはまさに名言中の名言ではないか。できないことをやれと要求するほうも偉ければ、それをやりとげたほうもりっぱである。「不況を知らぬ企業」の秘密の一端がここにあるのだ。

なお一言付言しておけば、その工場にはホワイト・カラーが五人しかいない。工場長と経理一名、資材一名、女子二名である。従業員は一二〇名だが、将来五〇〇人になっても絶対増員しない方針だということである。あなたの会社で、営業と設計部門を除いたホワイト・カラーが何人いるかをみて、考えていただきたい。もっともらしい、そしていらない仕事をどれだけしているか。思い半ばにすぎよう。そして、やればここまでできるのだ。

設備についても、ハッキリとした、しかも効果的な計画をもっているところは意外に少ない。あまり能率的でない汎用機や、稼動率の低い高価な自動機や専用機の購入計画はあっても、わずかな投資で大きな効果を期待できる補助作業機や、治工具、アタッチメントなどにはほとんど予算がとってなかったりする。

一台の予備機械があれば、順番に計画的なオーバー・ホールができるのに、それをやらずに精度の落ちた機械で、苦労して低品質品をつくっている会社があった。筆者の強引な勧告で、予備機を買って計画的オーバー・ホールをやった結果、製品の精度がまったく違ってしまったという例もある。

いくら設備が生産性向上の武器だからといって、修理工場や個別生産工場で、やたらと高価な機械を入れてみても、稼動率が低ければ必ずしも有利だとはかぎらない。外注したほうが安上がりの場合も多いのだ。

多量生産工場では、また別の危険が待ち受けている。不用意に自動化、専用化をすすめたりすると、それが高度であればあるほど、いったん製品が変わってしまったときには融通がきかず、極端な場合にはスクラップ同然になってしまう。

ある会社で、大きな塗装プラントを設置したが、製品の総数は多量になったが、市場の要求によって、塗色が多様化し、かえって非能率になってしまったという例がある。

このような危険は、市場の変貌によって、これからますます高まっているのだ。生産性をあげようとすれば、変化に対する弾力性が下がり、弾力性をもたせようとすれば、生産性が上がりにくい。あちら立てればこちらが立たず、むずかしい世の中になってきたものである。

とにかく、設備の問題はむずかしくなる一方である。なおのこと、明確な方針と、それに基づく計画がどうしても必要なのである。

企業経営に必要な資本の調達計画の重要性は、いまさらいうまでもない。それにもかかわらず、この問題も意外なほど関心がうすいのは、なぜだろうか。

とにかく、わが国の場合には「借金政策」が非常に多い。これはもともと資本力のない企業が多いからであり、それでもやれるような金融政策や行政指導があるからでもある。

そのうえ、配当は税引利益の中から支払わなければならないのに、借金の利子は経費で落とせるという税法がある。インフレも借金有利説の味方だ。このような条件がそろえば、短期的には借金のほうが有利なので、あまり深く考えずに借金に走る。自己資本充実など、どうでもよいようになる。これが資本力の弱少の原因になるという堂々めぐりをしているのである。これではいつまでたっても不況抵抗力はつかず、一年の大半を金融機関のために働くことになるのである。ほとんど大部分の会社では、材料費、外注費、人件費のつぎに大きな金額になるのが金利なのをみても、これがうなずけると思う。

借金といっても、おのずから限度があり、資本金にも最低の基準をもつべきである。

借金については、利子割引料率が付加価値の五％以内を目標にすべきであろう。簡単な指標としては、売上高に対してメーカー三％、下請加工業二％、商社一％ということになると思う。

それ以上の金利負担は、銀行のために仕事をしていると思えばよいのだ。だから、よほどの目算がないかぎり、限度以上の借金をするのは危険である。何よりも企業体質の強化をこそ先にする必要があるのだ。

資本金については、一応のメドとして、月商額と同額の資本金ということであろう。大日本インキは、「月商額が資本金に追いつくと増資する」という方針をとっている。明快で、だれにもよくわかる方針である。

われわれは、もっと自己資本充実と真剣に取り組む必要がありそうだ。そのためには、まず、その方針をハッキリと打ちたてることであろう。そして、それは心構え次第でできるもので、比較的たやすい方法がある。それは、「税金として社外に流出する資金」を合法的に資本にふりかえる方法をみつけ出すことである。つまり、節税である。やり方によって、これはバカにならない額になるのである。筆者の知っているある会社の実績が、このことを実証しているのである。

3・7 その他の領域

その他の領域、つまり「経営担当者の能力および育成」「労働者の能力および態度」「社会的責任」の三つは、ともに人間の問題であり、量的な尺度で測ることのできない領域であるといえよう。

まず、経営担当者の能力および育成である。これは、現在の組織論の重要部分を占め、企業内訓練の中心をなしている。ところが、それらは経営を知らず、企業の実態に暗い観念論者や心理学者によって、職能中心、人間関係優先という、企業の要求とは別の方向に、人びとの態度と関心を向けてしまうという罪悪をおかしてしまったのである。そこには、きびしい客観情勢の認識などはミジンもなく、次元の低い合理性ばかり追求し、変化に対応する革新力もバイタリティも失わせてしまうという、まったくの間違った方向に人びとを導こうとしているのだ。

いまやわれわれは、従来の考え方をまったく捨てて企業の真の要求に基づいて、経営担当者の育成をはからなければならないときにきているのだ。

それは、企業の目標達成に焦点を合わせ、革新と変化への対応を基本的態度とし、自己統制を通じて全社の力を一つに結集するものでなければならないのだ。そしてそこには、すでに述べたところの精神革命を必要とするのである。

労働者の能力および態度は（経営担当者をも含めて）労働者によってきまるのではなく、経営者の人生観、使命感によってきまってしまうことは、数かぎりない実例が示すところである。

いかにキメの細かい労務管理をし、人間関係に気をくばり、福利厚生施設を完備しようと、経営者の人生観・使命感がおかしなものであるかぎり、労働者はけっして心から生産性向上につとめようとはしないであろう。

労働組合に対してもまったく同じことがいえる。労働組合をいたずらにおそれたり、敬遠したりするのは、百害あって一利もない。経営者の態度によって、対組合関係はどうにでもなることは、これまた幾多の実例が教えるところである。

社会的責任については、あまりに広範すぎて、ここで論じてはいられない。ただ、いかなる企業も例外なく負わなければならない、基本的な社会的責任がある。それは、まず、一定の利益をあげて企業を運営し、存続させてゆくことであり、つぎに、事業を発展させてゆくことである。

企業の任務は社会の富をつくりだすことであるから、活動にともなう危険を補う利益をあげることによって、企業を維持しなければならない。また、富を生み出す能力を高めることによって、社会の富を増大させなければならないのである。

3・8 目標は必ず明文化すべし

第一話……「目標を明文化する必要なんかありませんよ。私は機会あるごとに話してきかせていますから。みんなよく承知していますよ」という社長さんがあった。そこで、社内の人びとに、社長の考えをきいてみると、「社長は何を考えているのかさっぱりわかりません。そのたびに、いろいろのことをいわれますが、さっぱり一貫性がありません」という答えであった。これは、ある会社を調査したときの一コマ。……

第二話……S社の重役は社長以下四人で、しかも実の兄弟である。その会社で目標の明文化はできているかどうか質問したところ、そのうちの一人が、

「そんな必要は、ぜんぜんありませんよ。われわれは一つ腹から生まれ、一つ釜のメシを食っ

て大きくなった。いまもこうして、一つの会社で毎日顔を合わせている。ツーといえばカーですよ」

という返事である。それにはさからわずに、

「皆様がたはいいとして、部長以下にはそうはいかないでしょう。誤りなく皆様がたの意図を伝えるために明文化しましょう」

というと、もっともだ、ということになり、明文化することになった。

そこで、その「考え」なるものを、一人ずついってもらって、要点を黒板に書いていった。すると、

「おまえは、そんなことを考えていたのか」「いや、おれの考えは違う」ということになってしまった。

第三話……O社で、短期経営計画の樹立のお手伝いをしたときのことである。それが終わったときに、社長はつぎのような感想を筆者に語った。

「短期経営計画をたてる段階で、実にいろいろなことを学んだ。その中で最も思いがけないことは、社内の意志伝達が、トップ層の間でさえ、こんなにもできていなかったのか、ということの発見である。営業部長が、あんなことを考えていようとは、私は思ってもみなかったし、専務は、私の意図をよく理解していない点がたくさんあることを発見した。毎日顔を合わせていながらこれである。まったく意志伝達とはむずかしいものだ。会社の中が、私の意図どおり動

いていないのはあたりまえなのだ。

それにしても、今度はトップ層の意志統一が本当にできた。これは本当によかった。そしてまた、社内に私の考えを伝達し、徹底させることに自信がもてたような気がする」


口頭による意志伝達とは、このようにむずかしいのだ。

コミュニケーションの専門家や人間関係論者は、口を開きさえすれば、「上下の話合いをせよ」という。しかし、話合ったから必ずうまくいくものではない。口頭で話合うと、上司が何気なくいったことも、それが相手の関心事や得意な分野であると、それが上司の方針である、あるいは重視している、というような受け取り方をされる危険が常にある。人間とはそのようなものなのである。これが、部下を誤った行動にかりたてることになる。

また、人間は何か難問に取り組んでいたり、悩み事があれば、上司のいうことを話合っているときはきいていても、話合いがすめば心の隅に押しやってしまうかもしれない。

人によって、重要な事柄についての見解も違えば、ウエイトづけも同じとはかぎらない。何よりも困ることは、上司の要求は驚くほど一貫性に欠けていることである。あるときは強調しながら、あるときはあまり重要でないようなことをいう。

言葉というものは、その場だけで消えてしまうものだけに、何か事が起こったときに、いった、いわないの水かけ論になる。だから、毎日いっているからとか、毎日会って話合っているといっても、なかなか誤りない意志伝達はできず、したがって意志統一ができないのである。

明文化をすると、そのときには当然のこととして、用語の定義づけをきめたり、解釈について論議されることになる。目標が数量化されれば、具体的に意志が表現され、数字と数字との間の相関関係やバランスが検討されるだけでなく、それの達成を困難にする制限条件や障害が明らかにされる。優先順位の決定によって、ウエイトづけや緩急の度合いが明確に示されることになる。

このようにして、いままで頭の中にあったことが具体的になり、整理されてゆく、この効果は、われわれが考えているよりも、はるかに大きいのだ。われわれは、明文化の効果について、過小評価しすぎるという誤りをおかしているのである。

目標・方針は、会社の方向づけをするものであり、会社の中のすべての人びとの行動は、ここから出発し、ここに帰ってくるべきである。全社の活動を基本的にきめてしまう目標・方針を明文化しないという法はない。筆者は、明文化しないものは、目標でもなければ方針でもない、という考えをもっている。

明文化によって、はじめてトップの意志が基本的に誤りなく社内に浸透する。これこそ最も重要なコミュニケーションなのである。明文化なきコミュニケーションは、空回りや混乱をひき起こすだけなのである。

3・9 目標には測定するモノサシが必要

あちらこちらの会社に行って、しばしばお目にかかるものに、「売上げ増大」「経費節約」「品質向上」というような、うたい文句がある。

これらはスローガンであって、目標ではない。たんに売上げ増大では、いくら増大したらいいか、だれにもわからない。経費節約というのは、経費をいくらに抑えたらいいか、だれも知らない。のん気なものである。

このような会社では、「その趣旨にそって努力します」としかいいようがない。これでは成果のほどは、あやしいものである。このような会社では、測定のモノサシは、前年比、前年同月比というのを使っている。前年比はわかっても、それでいいか、わるいかはわからない。もっとひどいのは、前期比、前月比というモノサシである。季節的変動があるかぎり、このようなモノサシは意味がないばかりか、事態の判定を誤らせるおそれがたぶんにあるのだ。有価証券報告書が前期比をやっている。

前年比とか前期比という考え方は、会計学者の企業分析の世界で行われることであって、企業体のとるべき考え方ではないのだ。企業体でこの考え方をとると、「なりゆき経営」になってしまうからなのだ。企業は、「なりゆき経営」ではなく、「目標による経営」でなければならないのである。

目標とは、「手に入れたい結果」である。したがって、それに向かって努力を重ねても、それを手に入れたかどうか、わからないのでは困る。

それをわからせるためには、それぞれの目標では、何が測定され、そのモノサシは何かということを、はっきりさせておかなければならないのだ。そして、これが業績の評価につながってゆくのだ。

たとえば、売上げ目標では、金額なのか、伸び率なのか、占拠率なのか、何を測定するのかを明らかにする必要があるのだ。品質目標では、不良率なのか、不良金額なのかということである。出勤率向上の目標として、九八％としたならば、これは有給休暇を含んだ計算か、含まない計算かをきめておかなければならないのだ。

モノサシとしては、絶対値、特に金額で示せるものは、これを使ったほうがよい。たとえば売上げは、伸び率や占拠率から計算した売上げ金額を表示すれば、伸び率や占拠率は示さなくともさしつかえないであろう。

これの代表的なものが「予算」である。しかし、予算に絶対額を示すのはよいとして、「予算差異」……つまり、予算と実績との差になると、絶対額だけではいかなくなる。その点になると、予算統制の先生は、

「予算ごとに差異の基準をあらかじめ設定することがのぞましい。しかし、これは一応の基準であり、かつこれに対する弾力的解釈がなされなければならないのである」

というような、無責任きわまることをおっしゃる。そのくせ、それを追及すれば、ちゃんと逃げ道のあるいい回しを使っているのだから腹がたつ。

われわれが知りたいのは、先生がたのおっしゃるような抽象論ではなくて、「差異の基準を、どのようなものにきめたらいいか」であり、「そのモノサシには何がいいか」なのである。それにはぜんぜん答えてくれないのが専門家なのだ。

実践家は、「ここにどのような橋をかけたらいいか」が知りたいのに、それを専門家に質問しても、将来の交通量の増大を見込む必要があるとか、地震や洪水に耐えられるものでなければならない、などという抽象的な答えしか得られないとしたら、実践家は失望するばかりである。

予算統制の理論ばかりでなく、経営学と称する管理論のほとんど大部分は、このような抽象論で埋めつくされているといってよい。しょせん、それらのものは、「頭のよい素人がつくりあげた観念論」なのである。理路は整然としており、論旨は間違っていないだろうけれども、実践家の切実な要求には、ほど遠いものといわなければならないのである。

多くの会社で、予算差異を絶対額でみている。そのためにおかしなことになってゆく。

たとえば、「売上げ予算を約一〇〇万円上回った。はなはだ結構である。しかし、材料費は予算を五〇万円超過した」という見方をしているところが多い。これは間違いである。売上げに対する材料費率が五〇%であったとするならば、この例では、材料費は予算どおりなのである。材料費は、売上げの増減に比例して増減する、いわゆる比例費（変動費）なのである。だから、材料費は売上げに対する比率でみないと混乱をする。「売上げ一〇%増加に対して、材料費は一二％増加している、二％超過である」という見方をしなければならないのである。

また、セールスマンの個人売上げになると、経営的には絶対額でみなければならないが、個人の業績評価には伸び率でみなければならないという使い分けが必要になってくる。受持ち区域や得意先に条件の違いがあるのだから、こうしないと個人業績の評価にならないのだ。

そうかと思うと、売上げに対する人件費率をみるという、まったく間違いというわけではないけれども、不適切なモノサシを使う人もいる。人件費というのは、付加価値に対してみるのが正しいのである。

このように測定の基準とそのモノサシは、正しいものでないと、いろいろな点で問題を起こすから、十分注意し、慎重にきめなければならない。その一般的な基準は、

○売上げ……絶対額で（必要があれば伸び率や占拠率も併記する）。ただし、個々についての業績は、伸び率でみるほうが適切な場合がある。
○変動費……売上げに対する比率。
○付加価値…絶対額と売上げに対する比率。
○固定費……一カ月の絶対額でみる。
○生産性……付加価値に対する比率でみる。

このように、一つの目標について、測定のモノサシはいくつもあり、それぞれの目的に応じてこれを使い分けなければならない。そして、それをやれるものは、あなたの会社については、

あなたがたの努力にまつよりほかにないのである。

要は、事業の要請に合致した、わかりやすい基準であれば、どんなものでもよいのだ。そして、それを前向きの姿勢で使いこなすことが大切なのである。

ここに、すぐれた実例がある。松下電器の「ＢＵシステム」（予算統制制度）である。（＊3）

これを松下電子工業にみよう。

同社の予算統制の測定基準は
「変動費レートと固定費額とは拘束性をもち、変動費額は確認のための合計にすぎない」

というのだ。わかりやすくいえば、「予算は事業活動を拘束しない。しかし、予算のレートは事業活動をチェックする」ということである。だから、予算を超過しても一向にさしつかえないのである。いや、積極的に予算以上使いなさい、大切なことは費用と成果の比率である、というのだ。

二倍のインプットを費しても、二倍以上のアウトプットをあげれば、そのほうがよいというのだ。「予算額は、その比率を算定するための数字であって、絶対額を示すものではない」という考え方なのである。

この考え方こそ、完全な生産性の考え方なのである。すぐれた企業の、すぐれた考え方を、われわれはよく研究してみる必要があるのだ。

＊1　山陽特殊製鋼は1965年に会社更生法を申請し、倒産。負債額の大きさ、粉飾決算の発覚、連鎖倒産の拡大などにより、社会問題に発展した。その後、会社は再生を果たす。

＊2　1957年にC・N・パーキンソンが発表した『パーキンソンの法則』では組織が肥大化する理由などを鋭く指摘した。

＊3　バゼット・システム（BUシステム）とは、もとはオランダのフィリップス社が取り入れていた経営管理手法。

4章

目標の設定

4・1 長期的ビジョンに立つ

「企業目標の設定はどのようにして行ったらいいか」という問いに対しては、目標の本質が答えてくれる。それは、

「まず、わが社の生き残る条件を明らかにせよ、これを土台としトップの意図をこれに上のせせよ」

ということである。

だから企業目標は、「トップおよびトップ層だけで検討し、決定しなければならない」ということを、ここで再確認しておきたい。客観情勢に基づいて、これに対応して生き残る条件を検討するときに、内部のものの意見はむしろじゃまになる。内部のものの意見をきくと、「過去の実績からみて、実現可能な目標」に傾いて、生き残る条件が忘れられてしまうおそれがある。こうなったら、企業はおしまいである。とはいえ、心しなければならないのは、内部の者の意見をやたらと、とりあげるのがいけないのであって、逆に客観情勢のきびしさやトップの立場を認識させるために、トップの会議に出席させるのも手である。

目標は、まず長期的なビジョンに立たなければならない。企業というものは、ある決定が下

されてから、それが実際に業績に影響をおよぼすまでに、短くとも二～三年、長きは一〇年、二〇年かかる場合もあるのだ。手を打って、すぐ効果のあらわれるのは、企業の運命にはたいして関係のない戦術的な決定である。だから、企業が危険に直面してからでは、どのような対策をとろうと、その効果は知れたものであり、企業を救う力はないのである。だからこそ、企業は将来を見越して早く手を打たなければいけないのである。

こう考えてくると、景気の変動というのは、長期的な計画においては、意志決定のためには、そのサイクルが短すぎる。設備投資にしても、三～四年先だけ考えればいい、というわけにはいかないからだ。設備投資にみられるように、企業の長期目標は、景気変動を超越して設定されなければならないのである。景気変動は、あくまでも短期的な施策について勘案するものなのである。

長期的な見通しといっても、一〇年はおろか三年先さえ、だれにもわからない。しかし、わからないといっても、大きな流れの見当ぐらいはつくはずである。たとえば、一〇年後のオートバイ業界を考えてみたら、とにかくそれはバラ色のものでないことはわかるし、労働集約的な産業や中下級の商品は次第に後進国にその分野を浸されてゆくことは間違いない。反対に、重化学工業、電子産業の比重は大きくなってゆくであろう。道路や住宅、そしてわれわれの生活がどのように変わってゆくか、などについては、たんなる予想や夢物語だけでなく、相当な調査や根拠に基づく未来像などが発表されている。それらはいずれも、あくまでも推測であるとしても、多くの示唆をわれわれに与えてくれるのである。

その示唆は、わが社の業種・業態・製品に結びつけて検討され、いまの業種のまま進むのか、それとも転換を必要とするのか、いまの製品の将来はどうなのか、という「わが社の将来の方向づけ」がなされるのである。

この方向づけいかんで、企業の将来はまったく違ったものになってゆく。日東化学の悲劇は、硫安の斜陽化を見抜けなかったことにあり(＊1)、東洋レーヨンや帝人は、レーヨンの前途にいち早く見切りをつけて高収益を誇っている。フランスベッドは下請企業の運命を見越して自社製品を開拓して、業界に独占的な占拠率を獲得したのである。

化学合成技術の前進は、つぎつぎに合成原料をつくり出しているのをみれば、天然原料に頼っている企業は安閑としてはいられないのだ。客観情勢の変化があるかぎり、わが社の製品に対する顧客の要求も変わり続けるのだ。だから、たとえ現在の事業を続けるにしても、そこにどのような革新が必要なのかを、たえず考えてみなければならないのである。

大きな転換はいうまでもなく、現在の事業の中での革新でさえも、長い時間がかかる。ということは、早く出発しなければならないことを意味している。ローマは一日には成らないのだ。

以上が、客観情勢の推測という質的な領域である。質的な領域は意味がわかるだけで数量化できない。しかし、長期的な予測には、量的な領域がある。予測を数字であらわすことができる要因である。

その主なものをあげてみると、

一　世界経済ならびに国別の成長率
二　国民経済の成長率
三　業界の成長率
四　物価の上昇率
五　賃金の上昇率
六　人口動態と年齢構成

などであり、これから絶対量が算出できるわけである。

企業は、世界経済・国民経済の一環として存在するものであり、その中での斜陽化・限界化は、企業の存続を危くすることはすでに述べた。

物価上昇率は、原価をつりあげるし、賃金上昇を無視して経営はできないのである。量的な予測は、必要な売上げと利益を少なくとも三～五年先までたててみるのである。そしてその売上げと利益をあげるための条件としての、必要な売上げ、外部費用、付加価値、内部費用、人員のわくなどを計算してみる。そこには、おそらく、思いもかけなかったような数字があらわれるであろう。

一方、過去の実績をそのまま延長したらどうなるかを試算してみる。三年後に赤字にならぬ企業はあまりないと思われるのである。

以上の二つの数字を比較してみると、そこに大きな差がある。この差こそ、「なんとしても埋めなければならないもの」なのである。それを、VA、能率向上、経費節約などの合理化で、どれだけ埋められるかを検討してみると、それは問題にならない少額であって、合理化で埋めることなど不可能であることが、実感としてわかるのである。

ここに、事態の容易ならざることが判明する。これが長期計画の、まず第一の効用なのであり、ここまで検討しなければダメなのである。たんに、希望的な数字をならべるだけではなんにもならないのだ。

ここに新たな覚悟をもって、革新に取り組むことになる。もはや合理化は頼みにならないことを思い知らされる。どうしても、経営の構造的な変革をはからなければならず、しかも、いますぐ出発しなければならないのだ。「明日では遅すぎる」ことを悟るのである。〝決定的瞬間〟がここにあるのだ。

これだけではまだたりない。それは、景気の変動である。過去の経験からでいいから、不況によって、必要利益をあげる数字がどのような影響を受けるかをみるのである。五年のうち不況が二年あれば、それによってどれだけの収益低下があるか、三年だったらどうか、を算出してみる。不況に耐え、企業が発展するために必要な利益を、好況時に生み出さなければならないとしたならば、好況時の数字は、不況時とは別の意味で、きびしいものなのである。

そして、それを実現してゆくための新事業やその規模と収益、必要な革新についての目標などが、簡単な数字と要約した文章によって具体的に表現され、決定されてゆく。これが長期経営計画である。この段階で、それを実現するむずかしさと苦しさをヒシヒシと身に感ずるのである。

このようにして、「生きるための条件」が企業の内部事情とは無関係に、机の上で検討され、決定されてゆく。目標は本質的に机上論なのである。

この机上論を実現させてゆかなければならないのが、企業の任務なのである。

私が長期経営計画の樹立をお手伝いした某社の社長は、

「長期経営計画をたててみて、私がいままで頭の中で考えていたことが、いかにあまいものであったかということを思い知らされた。私はもう、社内のことをあれこれいうことはやめます。社内のことは、目標を与えて、いっさいを常務に任せ、私は新事業の開拓に専念することにきめました。いや、そうせざるをえないことが、わかったのです……」

と筆者に語った。

また、別の会社の社長は「現在の賃金上昇率が続くかぎり、うちの会社では最低限度、年率一五%の成長率が絶対必要だ。この調子でいったら、一〇年後はどえらい売上げを必要とする。その売上げを達成する製品をどこからもってくるか、まったくのところ見当もつかない……」といっていた。一〇年後を考えているこれらの社長は、経営を誤ることはないであろう。

以上二つの例をみてもわかるように、長期目標は、「将来どうするか」ということを決定するためではなく、「将来を築くために、現在どのようなことをしなければならないか」という現在の決定のためなのである。

長期的な見通しに立たない現在の決定は、「思いつき決定」になってしまうものである。

4・2 中小企業は「賃金」から目標をきめよ

T社は、従業員五〇〇人、創立以来二〇年。その間、常に月商額と資本金の一致を目ざし、その中でずっと二割配当を続けてきたという、中小企業としては超優良会社である。

T社には、すでに昭和五二年の「目標貸借対照表」なるものができている。大企業といえども、一〇年先の姿を明確に画いているところは、あまり多くないと思う。その意味からすると、まさに「おそるべき会社」である。

T社の長期計画も短期計画も、すべてその「目標貸借対照表」に基づいている。その長期目標は何を根拠にしているかを、筆者はトップに質問した。その答えは、……

「目標の根拠は賃金です。昭和五〇年には、わが国の賃金水準が、現在のEEC（*2）と同じになるであろう、という見通しのもとに、わが社の方針とにらみ合わせて設定しました。それによると、収益性が変わらないとして、現在の二倍の人員で五倍の売上げを達成しなければなりません。わが社は一〇年計画を基にして、三年計画をたてていますが、過去の実績をそのまま伸ばすと、三年後には赤字転落します。それを計画の線までもってゆくためには、これこれの収益力をもつ新製品を、これだけ開発してゆかなければならないのです……」

という返答なのである。

なんというりっぱな態度であろうか。優秀な企業は、トップの考え方が優秀なのである。賃金を根拠にしているとは、心憎いばかりのツボの押さえ方である。

中小企業では、装置工業などの少ない人員ですむものは別にして、賃金こそ最もおそろしい費用であり、最も高い信頼度で予測できる数字なのだ。これに、これまた非常な確実さで計算できる経費を合算すると、内部費用の総額がつかめる。しかし、その確実に発生する内部費用をまかなって、そのうえ、利益を出してゆくための収入のほうは、まったく不安定で保証などどこにもないのだ。

企業というものは、放っておけば赤字になり、倒産するようにできているのである。それを黒字にもってゆき、存続させなければならないのが経営者なのである。

最もおそろしく、最も信頼できる予測賃金に根拠をおいて、ここから出発して目標を設定するということは、中小企業にとっては、最も賢明な道であろう。

あなたの会社が、もしも中小企業であるならば、長期経営計画では、急騰する賃金をまかなって、会社を存続させるためには、どの数字がどのようにならなければならないかを、最低三年間、もう一つ欲を出せば五年先までつくってみるところから出発することを、おすすめする。

こうしてみると、それはたんに賃金だけ考えていてもダメなことがよくわかる。いやでも外部・内部の諸条件を分析し、合成してゆかなければならないことに気がつく。そして、それが、新たな視野から企業を長期的にながめることになるのだ。

「わが社の方向づけ」ということは、具体的な数字の上に立って考えるのでなければ、抽象論になるおそれがあり、抽象論では経営はやれないのである。

4・3 短期経営計画

短期経営計画は、長期経営計画から導き出された六カ月（一期）または一年の計画である。六カ月でも悪いというわけではないが、筆者は一期六カ月の会社は二期分、つまり一年単位の経営計画がよいと思う。（＊3）

その理由は、経済活動は一年を一サイクルとしており、各種の資料も一年を単位としているので、それらとの関連で、一年のほうが何かと便利である。もう一つの理由は季節的変動である。

そのために、閑散期と繁忙期では業績に大きな違いがある。だから、その期だけを考えていては情況判断を誤るおそれがある。閑散期と繁忙期を併せて考えなければならないことを知っていても、現実によい数字やかんばしくない数字を見せつけられると、それにつりこまれるおそれがあるのが人間なのだ。この意味で、有価証券報告書を見るときに、「前期比」という数字に惑わされないようにしなければならない。

短期経営計画は、長期経営計画からみたら、中間目標である。しかし、長期経営計画がなければ、短期経営計画がたてられないというものではない。

筆者は、経営計画をたてたことのない会社に対しては、まず短期経営計画をたてることを、おすすめしている。これでまず一年、目標による経営をやってみる。そのうえで、三年なり五年なりの長期計画に進むというほうが実際的である。

経営計画は、会計年度と一致させたほうがよい。六カ月一期の会社なら二期分という手もある。むろん、六カ月単位の計画でもかまわないのである。

経営計画は、計画年度の一〜二カ月前には決定されて、少なくとも計画年度の始まる前には、来期計画として、社内に周知徹底させる必要がある。

経営計画は、それが長期であっても短期であっても、会議で検討され、決定されるのが普通である。出席者は、トップ層だけで十分である。どんなに譲歩しても、部内の最高責任者までである。それ以下のものが出席する必要はない。

会議は、あらかじめ経理部内または企画部内の担当者によって、作成された原案に基づいて審議をするというやり方が、一般に行われている。このやり方は、間違っているわけではないけれども、少なくとも賢明な方法ではない。掘り下げた検討は、まずのぞめないからである。

他人がおぜん立てしたことは、なかなかピンとこないものである。自分では何もしていないからである。しかも、それが担当者によって検討され、それなりの根拠をもった数字であることを説明されると、「なるほどそうか」ということになってしまう、という実例に筆者はいくつもぶつかっているのだ。

人は、自分で苦しんでつくりあげた数字でなければ、本当に自分のものにすることはできないものなのである。会社の方向をきめる重大事が、「ああ、そうか」ですまされてはたいへんである。

あらかじめ原案をつくって、会議にかけるという考え方は、間違った能率の思想である。つまり、こうすれば会議が円滑に進行し、時間が節約されるというのだ。これでは本末顚倒もはなはだしい。

会議で大切なのは、時間を節約することではなくて、その目的を達することなのである。時間を節約するために、目的の達成が犠牲にされるのでは、まったくのお笑いである。

まして、ことは経営計画に関することである。「時間を節約する」という考え方自体が、まったくの間違いなのである。必要とあれば何回どころか、何十回でも会議を開いて、十分計画を練るべきである。

この会議の目的を達するには、十分に数字を検討し、その数字をつくりあげる方策を、じっくりと考えてみることである。この会議できまったことが、会社の将来の運命をきめてしまうのである。企業の将来の運命は、「どのような能率的な運営をするか」できまるのではなくて、「どのような決定をするか」できまるのである。

「決定」こそ、経営にとって根本であることを忘れてはならないのだ。それにもかかわらず、伝統的な経営学と称するもろもろの手法や理論は、この根本問題にほとんどふれていない。管理者として、「部下とその仕事を管理する」ことは教えても、「トップの意志決定」に関することについては何もふれていないのだ。このような教育を受けると、幹部は部下のほうばかり向いてしまい、経営者は外を向くことを忘れ、経営担当者は上司のほうを向くことを忘れてしまう。まことに困ったことである。

そもそも、もろもろのマネジメントの理論には、「意志決定は常に誤りなく行われている」という大前提がある。その大前提の上に立って、実施についての能率を論じているのである。しょせん、それらは管理学ではあっても、経営学ではないのだ。

むろん広い意味では、管理も経営の一部である。しかし筆者は、意志決定に関する学問を経営学、実施に関する学問を管理学とよびたい。同じ経営体の中でも、意志決定と実施は、質的にはまったく別のものだからである。質的には、まったく違う管理学を経営学と称して、鳴り物入りで宣伝するものだから、多くの経営者は、それを信じて内部管理の問題に目を向けてしまうという間違いをおかしてしまったのである。それが経営の近代化であるかのごとき錯覚を与え、経営者本来の役目である意志決定から、程度の差こそあれ、関心をそらしてしまうという罪悪をおかしているのである。

十分に数字を検討し、その数字をつくり出す方策をねるには、他人のおぜん立てではなく、自らおぜん立てしなければならない。この労を惜しんではならないのである。

会議には、意志決定に必要な資料、たとえば貸借対照表、損益計算書、財務分析表、試算表、売上統計、賃金資料、経費明細書などをそろえ、ソロバン、計算尺、卓上計算機も用意する。忘れてならないのは黒板である。

この黒板に、会議の要点と数字を書いてゆくのである。この数字は、用意した資料からひろい出したり、計算したりしたものであり、それを見ながら討議し、決定してゆくのだ。会議の席上で計算するなんて、時間のムダのようでいて、実はそうではない。だれかが計算している間にも、出席者は漫然と待っているようなことはほとんどない。他の者は考えたり討議を進めたりしているものだ。……これは筆者の経験がいわせることなのである。……こうすることによって、一つ一つの数字の意味や根拠が理解されてゆくのである。これこそ時間の有効な使用法である、と筆者は信じている。

短期経営計画で決定する目標の一例をあげてみよう。まず現事業の目標として、

○年間総合目標

一　損益目標の総額と月別の目標

二　人員計画

三　設備計画

四　資金運用計画

○事業別・商品別・部門別の売上げと付加価値目標

○輸出金額と付加価値目標

○変動費率の内訳目標

○賃金目標
総額・残業枠・できれば賞与枠
○経費目標
統制可能費の費目別目標
統制不能費の費目別目標
○直間比率と未来事業人員の目標
○労働生産性の目標
販売生産性、製造生産性
○合理化目標
納期確保の目標
生産期間短縮の目標
設備近代化の目標
品質向上の目標
安全に関する目標
定着率・出勤率向上の目標
○プロジェクト計画とその目標
などがあげられる。そして、それぞれの目標を達成するための戦術、方針・方策などが決定される。

以上の諸目標について、期限と日程・実施責任者が決定される。もちろん、あらためて明示しなくてもよいものは明示しなくともよい。

つぎに、定期的に行うチェックについて、それぞれのタイム・スパンを決定する。たとえば総合成果、部門成果については一カ月に一回、合理化の成果は三カ月に一回、プロジェクト計画は個々のケースについて決定する、という具合にする。

最後に、部門責任者、プロジェクト・マネジャーに、部門計画・プロジェクト計画の提出先と期限をきめる。そして、それは客観情勢の展望、社長の決意を冒頭にした「短期経営計画書」にまとめられるのである。

この経営計画の数字をまとめることは、容易なことではない。あちら立てればこちらが立たずの苦しみの末の「でっちあげ数字」なのである。過去の実績をそのまま伸ばし、それに可能な改善をした「実現可能な」というようなあまっちょろいものでは、けっしてない。一回やってみればよくわかる。

でっちあげ数字といっても、それがたんなるでっちあげや数字の尻を合わせたものでは、なんにもならない。それを実現させるための具体策に裏づけされたものでなければならないのである。そのために必死の知恵をしぼるのである。改善なんて生やさしいものではないのだ。〝泣いて馬謖を斬る〟こともしなければならず、ときには蛮勇もふるわなければならないのである。その苦しい決定をしなければならないのが経営者であり、不可能を可能なものに変えてゆくためには、部下の批判など気にしていたら、とてもできるものではないのだ。

とはいっても、実情を考慮した妥協があるのも事実である。しかし、どれだけの妥協をするか、しないかが、その目標の優劣をきめる。どうすれば妥協を少なくすることができるかを考え抜かなければならない。妥協が少なければ少ないだけ、その目標は優秀なのであり、その優劣をきめるのがトップなのである。

たとえ妥協した場合でも、それはどれだけの妥協がなされたか、真の目標に対して、どれだけ不足しているかがわかっているから、油断がないのである。現状をもとにした、実現可能な目標には、自己満足はあっても、きびしい事態の認識など生まれるはずがない。ここに危険がひそんでいるのである。この危険は、だれでもない、自分自身の手でつくり出した危険なのである。すぐれた目標は「生き残る条件」をもとにし、凡庸な目標は過去の実績をもとにしてたてられる。すぐれた目標は会社の存続と発展を約束し、凡庸な目標は会社を破綻に導くのだ。

未来事業については、それが短期的なもの、たとえば機種の増加とか改良といったものは、むしろ現事業に含めたほうがよい。

長期的な未来事業については、むしろ別途に、対象・目標、方針、予算・責任者・チェックなどについて計画書を作成するほうが、その重要度を強調し、認識させるための有効な手段であろう。そして、この中の予算のみは、抜き出して経営計画に未来事業費として計上するようにすればよいのである。

4・4 短期経営計画の発表

短期経営計画書は、極力簡潔なものにする必要がある。筆者は一〇〇ページにもおよぶ大部の経営計画書を見たことがある。詳細な行事予定まで入っている。しかし残念なことに、その会社の課長のうちで、だれ一人として、今期の利益目標を知っている者はいなかった。それはまったくの飾り物だったのである。その計画書には、何もかも盛りこもうとしたために、だれにも何も知らせることができなかったのである。

だから、重要なものであればあるほど、それは簡潔に、要点だけを記入するようにしなければならないのである。長いほど要点がぼけるおそれが多いからだ。筆者は少なければ五～六ページ、多くても二〇ページ以内に収めるようにしたほうがよいという考えをもっている。それで十分である。それに収まらないようならば、表現を工夫する必要がある。

短期経営計画書は、印刷されるか、またはコピーをとって、役付者以上には全員配布がよい。そして、日をきめて説明会を開き、トップ自ら計画を説明し、決意を述べるのである。

この会は、話合いの会ではない。客観情勢のきびしさと、それに対応して生き残るための数字と、トップの決意をよく説明し、納得させ、覚悟をうながし、やる気を起こさせる説得会なのである。

話合いは、計画の凡傭化に役だつだけである。現実との妥協は、すでに計画の中におりこみずみなのだ。だから、断じて話合いの会ではなく、説得会なのである。

だからこそ、なおのこと、納得させるための質疑応答は十分に行い、「目標を実現させるための要求」には耳を傾けるという態度が、トップには必要なのである。

この説明会を成功させるものは、トップの「説得力」である。説得力こそ、リーダーシップの第一要件であり、トップのみならず、経営担当者の最も重要な能力の一つである。ありがたいことに、説得力はその気になりさえすれば、だれでも身につけることができるのである。

その第一は、トップまたは経営担当者の不退転の決意である。これに対しては多くの説明を要しない。これがあれば、たとえ言葉はへたであっても、人の心を動かすことができるのである。

第二は、決意のもととなった客観情勢をよく認識させることである。そのきびしさを知らせて、新たな覚悟をうながし、自己保存本能を刺激することによって、動機づけを行うのだ。

第三には、部下の能力の信頼である。これについては、「第2章2・9」で述べた。しかし、重複もかえりみずに、ここで再び強調したいのである。「本人の能力に合った」というような、まことしやかな誤った考え方は、まったく捨て去られなければならないのだ。本人のかくれた能力を信じて任すべきである。特に若い人の能力をもっと信じなければならない。「まだまだとても」というような考え方は、老人の悪い癖である。若いうちに重荷を負わせて鍛えることこそ、本人の幸福であり、会社にとっても有利なことなのだ。若いときに重荷にへこたれるような腰抜けは、年をとってもやはりたいした使いものにはならないのだ。

先ごろ引退した日立製作所の倉田主税氏が、「近代経営」誌一九六八年新年号における「経営者による創造的経営への提言」の中で、つぎのように述べている。

私が会社に入ってから、五年目の大正六年ごろだったが、私は自分のいい出したことが起因になって、たいへんな仕事をまかされた。

そのころ、私は電気工場の鉄板の仕事をしていたが、電気の機械に必要な電線を他社から買っていた。しかし考えてみると、日立鉱山で原料がどんどんでるのに外から買ってきて、これを使うというのは不合理だから、なんとかして独自に作るべきだ。私はそう考えて、夕食後に議論したり、また、当時の上司にも始終意見具申していた。

ところが、その話が具体化しその機が熟してくると、電線を作ることについては、おまえがこれを計画せい、ということになった。むろんそんな経験はなかったが、電線を作る機械をまず設計し、適当に人間を集めてきて試運転し、とにかく作りあげることについてのすべての権限を委譲された。その時はずいぶん失敗もし、長い間苦労もしたが、その結果やっと電線ができるようになった。

当時の私は、まだ三〇いくつの年で、会社に入ってまだ五年にしかならないときだから、これだけの仕事を全幅の信頼を受けて任されたというときに、私が感じたのは、これだけ信頼されているならば、それこそ一命を賭してその仕事を完成したいということだった。

実をいうと、最初は私にそういうことができるだろうかとひじょうに心配し、疑った。自分には経験もなければ何もないのに、はたしてできるかしらと思った。しかし、おまえはできるからやれということをいわれてひじょうに気を強くした。そこで、全幅の信頼を受けたら、ほんとうにそれこそ心服するものだということを、私はみずから体験した。

それ以来、私も皆にそういうことを始終たたきこんできた。ほんとうに部下を信頼して、これを任せてやるということが、いかに大事であるかということを、機会ある毎に私は説いてきた。……

かつて、本田技研で鈴鹿工場を建設したときには、ほとんど係長以下で仕事をしていた。あの超スピードとすばらしい結果は、指導のみごとさもさることながら、若い者の活躍の力が大きかったのである。

九州松下電器の佐賀工場長は、三二歳の青年が起用されているし、また、かつての「三原西鉄ライオンズ」も、初優勝をとげた「西本阪急ブレーブス」も、その優勝に若い力の果たした役割を見のがすことはできないのだ。

われわれは、若い力にもっと期待し、もっとチャンスを与えるべきであろう。

以上三つの事柄は、その気さえあればだれでもできることであり、それによって、説得は間違いなく成功するのだ。

こうして、短期経営計画は、会社の幹部に理解され、納得されて、不可能への挑戦がなされるのである。「第2章2・9」において述べた精神革命のところを、もう一度読み返していただきたいと思う。

このようにして、トップの決意と、企業の目標が明らかにされて、各部門や各製品に割りつけられた目標が正式にきまるのである。そして、各部門の長に対しては、各自に割りつけられた目標を達成する計画書を、期限つきで提出するように命ずるのである。

蛇足ながら、ここで部門計画について、つぎのことを確認しておきたい。

一　各部門（または成員）の目標は、自らの意志で決定するのではない。その部門（または成員）の意志とは無関係に、上司から（実は客観情勢が上司を通じて）割りつけられる。

二　自らの意志でたてなければならないのは、割りつけられた目標を達成する計画――成果達成計画――である。

三　この成果達成計画で、自らの方針と部下に割りつける目標を、自らの意志で決定してゆく。

のであって、自らの目標を自らたてるのではなく、目標は常に上から与えられ、自らの意志で行うのは、その目標を達成する計画なのだ。

こうすることによって、トップの目標が次第に細分化されながら、下部に浸透してゆくのである。経営とは、あくまでも「一つの意志」をもとにして行われるものであって、各級幹部が自らの意志でたてた、「たくさんの意志の集り」ではないのだ。

ただし、部下を参画させるという形をとって、事態の認識と自分の考えを部下に知らせることはよい。この場合も、「話合ってきめる」のではなく、「話合いという形をとって自分の意図を理解させ、納得させる」のであることを忘れてはならないのである。

この部内計画会議では、つぎのようなことを決定してゆく。まず部内方針を述べたのちに、

一　実施事項とその目標
二　責任者
三　日程
四　目標達成の方策
五　チェックの時期

などである。

成果達成計画で留意しなければならない点がいくつかある。

まず第一に、優先順位の決定である。たんなる列挙による盛りだくさんは禁物である。何もかもやろうとすると、何もかもできなくなってしまうからである。

かぎられた資源(人・物・金・時間)を最も有効に利用するためには、優先順位を決定し、これに投入する資源の密度を高める必要があるのだ。この場合に大切なのは、「先にやること」ではなく、「後回しにすること」をきめることである。これが、なかなかむずかしいのである。

施策が計画期間の前半に集中して、後半ががらあきという計画によくお目にかかる。「そんな

に前半にばかり集めてできるのか」と質問すると、「できます」という返事はりっぱだが、できないという例が多いのである。これは真剣さのあらわれではあるけれども、企画力の不足である。このような計画書は、練りなおしを命ずる必要がある。これが実務教育である。

「目標は五つ以内がよい」という目標管理の先生がたの主張はおかしい。階層が上になるほどやるべき事柄は広範多岐にわたるから、目標が一〇以上になることも、けっして珍しくないのだ。

したがって、目標は数で押さえるのではなくて、「どうしてもやらなければならない事柄」からきまってくるのであり、一般的には、階層が上になるほど目標の数は多く、下になるほど少なくなるはずである。

目標管理の先生がたは、目標の「ウエイトづけをせよ」とおっしゃるけれども、なんのことか筆者にはさっぱりわからない。目標全体を一〇〇%として、A目標には四〇%、B目標には三〇%、……というやつである。A目標に四〇%のウエイトをおけといってみても、四〇%とは、時間や労力の四〇%を費せというのか、関心の四〇%をさけというのか、それぞれの目標の達成率にそのパーセンテージをかけて全体の達成率を測定せよというのか、という具体的な質問を投げかけても、それにはなんの解答をも得られないのだ。四〇%とはなんのことか、そんなものを測るモノサシなどあるわけがない。まったくバカバカしくて話にならないことを、まことしやかに述べているにしかすぎないのである。

ウエイトづけではない。優先順位なのだ。優先順位をつけるということは、場合によっては、順位の後のものは、できなくなるかもしれないということを意味しているのだ。だからこそ、優先順位の決定はむずかしいのである。

優先順位について、もう一つ注意しなければならないのは、階層が下になればなるほど、「一時《いっとき》一事《いちじ》主義」に近づけるということである（＊4）。すなわち、階層が下になるほど間口は狭く、奥行は深くなるからなのだ。つまり、実戦部隊に、同時にいくつもの目標を達成せよといっても、できるわけがない。そうでなくても、監督者などの下層幹部は、互いに関連のない種々雑多な仕事の処理に追い回されているのだから、この点をよく計算したうえで指導しなければ、成果のほどは、はなはだあやしいものになってしまうのである。

このようにして、でき上がった成果達成計画案は、トップに提出される。

トップは、これを見れば、目標がどのように理解されたか、されないのか、そして、それをどのように達成しようとしているか、がわかるのである。

もしも、目標が理解されていなければ、この時点で事前に発見されるし、目標達成の方策についての疑問や具体性に欠ける点があれば、それらについての質問や指導ができるのである。

上下のコミュニケーションは上からは目標を示すことによって伝えられ、下からはこれに対する「成果達成計画」によって行われるのである。このようにして、上下のコミュニケーションが基本的に行われるのだ。

上からの目標と、それに対する下からの成果達成計画によらない上下のコミュニケーションは、誤った伝達が行われる危険を常にはらんでいるのである。

口頭だけによる話合いの場合には、上司の何げない言葉が、もしも部下の得意の領域や関心の深いことにふれていたならば、部下は、「上司はこれを重視している」と思いこんでしまうことが多いのである。

上司は、何げなくいったことだから、そのことを覚えていない。しかし、部下はこれを上司の重大関心ととる。そして、上司の意図であるとして、これに対する行動をとる。この行動を上司は「おかしい」ととるのである。そして、それを部下にただすと、部下はむしろ、「心外なこと」と思うのである。これが上司に対する不満とまではいかなくとも、上司の言葉に対する、ある種の不安になるのである。

4・5 部門目標説明会

上司によって承認された「部門目標」は、コピーがとられ、同階層の他部門に配布されたのちに、部門計画説明会が開かれる。

ここで、各部門の長は、自己に割りつけられた目標と、それを達成するための方針や施策を説明するのだ。この場合には、「持ち時間」をきめて、その時間内で説明をするという習慣をつけることが必要である。その持ち時間は一〇分くらいで、それに対する質疑応答が五分くらいが適当であろう。

これによって相互理解が生まれ、不必要な重複が除かれ、相互援助の相談によってチームワークがよくなるのである。

横のコミュニケーションは、こうやってこそ、基本的にできるのである。

良好な横のコミュニケーションは、たんなる話合いだけで、できるものではない。たんなる話合いは、自己主張や、ご都合主義から行われることが非常に多いことを、筆者はいやというほど経験し、また見せつけられているのである。

こう書いてくると、企業目標の樹立に始まり、企業目標説明会、成果達成計画、……つまり部門計画の設定、部門計画説明会にいたるまで、「ずいぶん、めんどうくさいものだな」と思われるかたがおられるかもしれない。

しかし、考えていただきたい。ことは会社の運命に関するのである。会社の活動とその方向を基本的にきめてしまうものなのである、めんどうくさいも何もあったものではない。これこそ、何をおいてもやらなければならないことであり、このくらいのことが「最小限」絶対に必要なのである。

トップをはじめ経営担当者は、目標とその達成計画に、十二分の時間をさかねばならないのである。企業の「青図」をいいかげんにしたら、それによる結果は好ましいものは得られないことを、覚悟しなければならないであろう。

上は社長から、下は監督者にいたるまで、ハッキリと定義づけされた、全社的に統一され統合された目標をもってこそ、すぐれた結果が期待できるのである。全社的に統合された目標をもたずに、何ができるのか。これがないから、会社の中の人びとの行動と関心がバラバラになったり、あらぬ方向に走ってしまうのである。

以上のような手順をふんで、企業の目標を社内に浸透させてゆくと、トップは社内の日常の仕事にあまり時間をかける必要がなくなる。実例で説明しよう……。

筆者が、某社に目標経営を導入したときのことである。社長は、それまでは事務所に机をおいて陣頭指揮をしていた。その社長が、目標経営を導入したときから、社長室に引っこんでしまったのである。なぜそうしたかを、社長に問いただしたところ、彼の答えは、つぎのような意味であった。

「いままで、仕事を任せなければいけないということを、何十回となく人にきき、本でも読んでいる。また、そうしたいと思っていた。しかし現実にはどうすれば任せられるのかわからなかった。任せると、仕事がうまくいかなくなってしまうからである。ところが、今度こそそれがわかった。私の意図は、目標とその方策が経営計画に示され、部下に伝えられ、それに対する部下の成果達成計画もでき、これを検討して承認した。結果のチェックに関する方法と時期もきまった。それによって、部下の動きも変わってきたし、それが私の意図にそってやっているのがよくわかる。こうなったら、私のやる日常の仕事がなくなってしまった。だからこうして社長室に引っこんで、将来のことを考えているのだ。部下に仕事を任せるということは、明確な目標を与えることによって、はじめて可能なのですね」

この実例が、コミュニケーション、権限の委任などにまつわる、従来の多くの問題に対する明快な解答になっていることに、あなたは気づかれたと思う。目標設定による方向づけの効果を、まざまざと、みせつけてくれるものである。

4・6 トップから目標が示されないときはどうしたらよいか

真の目標管理は、トップの目標が示されないかぎり、ありえない。……では、トップから目標が示されないときは、どうしたらよいか、現実にはこうしたケースが非常に多いのである。

しかし、多くの場合、トップが無目標であるということはないのである。ただそれが、トップの頭の中だけにあって、下に示されていないというケースが大部分であることを、筆者は知っている。筆者にとっては、会社の経営のお手伝いをするのが仕事であり、その手始めが、トップの意図をきき出し、これを検討し、まとめ、経営計画に明文化してゆくことなのであり、その経験から知っているのである。

ただ、目標を示す必要性をよく認識していなかったり、「平素、ことあるごとにいっているから、わかっているはずだ、だから明文化する必要はない」と思っていたりするだけなのである。

ここで、トップのかたがたに一言申しあげたいことがある。それは、会社の中の多くの混乱、トラブル、責任のがれ、無気力などの根本原因は、トップの意図が明確な目標となって示されていないところにある、ということである。

「いったい、うちの社長はどっちを向いているのだ。東を向いているようにみえるので、こちらも東向きで仕事をすすめていると、いつの間にか西を向いている。これではやりようがない」

という意味の困惑が、成員の大きな問題なのである。

「さっぱり、自分の思うとおりに動かない」

「いくらいってきかせても、わかってくれない」とお感じになっておられるのならば、目標が明文化されて示されているか、そして、それがくり返し強調されているかどうか、それに対して、下からの「成果達成計画書」が提出されているかどうかを、お考えになっていただきたいのである。もしも、それらのことが行われていないならば、それらのことを行ってみることである。部下の考え方と行動が、目にみえて違ってくることは間違いない。

これは、トップだけのことではない。部下をもつすべての人に対していえることなのである。それを間違った人間関係論によって、上から一方的に目標や指示をくだすのはいけない、部下の自らの意志によって起こす行動でなければ本当ではない、という思想があまりにも広く深く信じこまれてしまっているのである。これこそ実は経営者不在、指導者不在の姿なのだ。それがわからない亡者などには、この世の人間ではないだけに、手のくだしようがないのだ。

「下からの盛り上がり」というのは、上から明確な目標が示され、重い責任が負わされ、部下の能力の信頼という、指導に対する反応なのである。これが本当であることは、すぐれた企業をみれば考えるまでもなく、すぐに気がつくはずなのに、それがわからない人は、亡者としかいいようがないのだ。

話をもとにもどそう。

トップが目標を示してくれないならば、トップに対して「目標を示してもらいたい」と切りこんでゆくのである。しかし、このようなトップは、抽象的な方針やスローガンめいたものは示しても、なかなか明確な目標は示してはくれないものである。しかし、そのようなトップの考えを、とにかくメモし、「そのためには、どれだけの売上げ、どれだけの利益をあげたいのか」だけは是が非でもきき出さなければダメである。

これさえも示してくれないトップ（古い型の経営者によくあるタイプで、それは利益をかくしたいと思っている）ならば、もう真の目標管理はあきらめるよりほかに道はない。トップの目標の示されない目標管理はないのであるから、経営不在の目標管理……つまり、自らの目標を自らの意志できめる……でもするか、さもなければ、無目標管理……成り行き管理でもするしか道はないのだ。

しかし、少なくとも、売上げと利益が示されたならば、あとはそれを基礎とした「成果達成計画」を立案してトップに提出するのが、経営担当者の役目である。これが補佐というものなのだ。いくらトップの批判をしてみても、事態は一歩も好転しない。自分たちでできる「事態好転の道」をさがし出すよりないのである。

こうして、トップの承認を得た計画を、自分たちで推進してゆく、という態度が決定的に重要なのである。

これは苦しく、またむずかしいものであることは、筆者自身経験したからよく知っている。赤字企業の中で、融通手形と高利の借金に追い回されながら、黒字転換のためのムリな目標達成に、悪戦苦闘した経験は、一生忘れることはできない。もし黒字転換ができなかったら、筆者は救われなかったであろう。

しかし、考えようによっては、それが自分への試練として、神が機会を与えてくれたのだ、と思ってがんばることである。筆者もそう思ってがんばったのである。

＊1　日東化学は当時の有力化学メーカーで、主力にしていた肥料部門の採算悪化で経営不振に陥った。その後、三菱グループの傘下に入る。硫安とは硫酸アンモニウムのことで、肥料の一種。
＊2　EEC（欧州経済共同体）は、EU（欧州連合）の前身の一つ。
＊3　かつては半年単位の決算が大半だった。1974年の商法改正を機に一年決算に移行した。
＊4　一時一事とは、一度に一つのことだけを集中してすること。

5章

成果達成指導

5・1 成果は顧客によって得られる

企業の本当の支配者は、社長でもなければ株主でもない。それは顧客なのである。企業の製品もサービスも顧客あっての話なのだ。このあたりまえの、あまりにもあたりまえのことが、とかく忘れられてしまうのである。

顧客は、企業に対して直接命令をくだすことはない。多くの場合、どのような製品を開発せよともいわないし、廃棄せよともいわない。ただ自分の気にいらなければ、その製品を買わないだけである。なんの予告もなしに、その会社を見捨ててしまうのだ。ここに顧客のおそろしさがある。

だからこそ、企業は、顧客が何を要求しているかを、自分のほうから知ろうとつとめなければならないのだ。しかも、顧客に潜在している要求を誤りなく知る方法を、われわれはまだ知らないのだ。ということは、われわれは、さらにもっともっと顧客の潜在要求を知ることに努力しなければならないことを意味している。顧客の要求を知るかどうかが、企業の死活問題につながるのである。

それにもかかわらず、そうしたことは営業部門の担当であって、他の部門の仕事ではないかのごとき考え方や行動が企業内に多すぎる。

顧客の潜在要求どころか、ハッキリとした意志……注文に対してさえ、顧客の立場に立って考えようとせず、自社の立場から考えている人びとが非常に多いのである。つまり、お客の要求はムリである、「一升マスに一升五合は入らない」というわけである。そして、マスを大きくする努力をはらおうとしないのだ。

もっと悪いのは、内部の人間関係を重視するあまり、顧客を忘れてしまうことである。どこまでたたる人間関係であろうか（＊1）。わが国の企業で、顧客第一主義を明確に社是にうたっているものが何パーセントあるかを、筆者はいつも考えるのである。経営者自体に、社内の「和」を考えても、「顧客」を考えない人が多すぎる。顧客を忘れる企業は、やがては顧客から忘れられるのだ。

成果達成指導について、トップおよび経営担当者は、まず自ら反省してみる必要があろう。そして、社内に対して顧客第一主義について、どのような指導をしているか、その結果はどうなのかをよく注意し、会社ぐるみで顧客の要求に応ずる態勢が必要である。

5・2　結果に焦点を合わせる

「目標は一つでも、手段は無数にある」という指導理念に徹する必要がある。やり方はどうでもよいのだ。要は結果を手に入れることなのである。

松下電器では、「こうせえ、ああせえ」とはいわない。「こうしたらどうや」という。これが本当なのだ。あくまでも「過程主義」ではなく、「結果主義」に徹しているのはりっぱである。

ところが、従来の指導理念は、「目標はいくつあっても、手段は常にただ一つである、という哲学にこり固まってしまっている」(ドラッカー)、いわゆる「標準化」の理論である。

そして、標準化の理論は、きまりきった日常のくり返し仕事――これは現場の人びとの役目であって、経営担当者の仕事ではない――には役にたっても、革新、変化への対応という企業の未来を築く仕事には、まったくあてはまらない理論なのだ。この点をはっきりと認識していないと、混乱が起こる。そして、まさに、伝統的な標準化の理論は、変化への対応にブレーキをかける危険を、常にその裏にもっていることを忘れてはならないのである。

これからの経営担当者に期待される能力は、きまりきった日常のくり返し仕事をうまく処理してゆく能力ではない。それは、未知の未来への挑戦によって、経済的成果も高めてゆく能力なのだ。

それでは、標準化の理論は、まったく捨て去らなければならないのかというと、そうではない。標準化は別の意味で変化への対応、革新というものに貢献しているのだ。それは、日常のくり返し仕事を標準化することによって、未熟練者に熟練者の仕事をさせることができる。これによって経営担当者は日常業務から大幅に解放される。そして、未来を築く仕事に大部分の時間を投入することができるからである。(＊2)

このような意味で、標準化の必要性はますます高まってゆく。それにもかかわらず、そのきまりきった日常のくり返し仕事の標準化さえ、現実の企業体の中では、お世辞にもすんでいるとはいえないのである。せいぜい「標準作業法」がその実用性に疑問はあっても、形の上でできている企業が、だんだんふえているくらいである。それ以外は、スタティックな規定や、具体性のかける制度があるくらいだ。

ところで、それらのものは、筆者がマネジメントを勉強しはじめた三〇年前と比較して、枝葉末節に多少の進歩があるだけで、実質的には、ほとんどなんの脱皮も変化もないといえる。これは、企業にとっては大きな不幸といわなければならない。改善、進歩、脱皮を常に叫んでいるマネジメントの理論こそ、実は最も保守的なのだ。

本当に大切な標準化は、作業の標準化というよりは、むしろ「仕事の標準化」なのである。仕事というのは、他の人からバトンタッチを受けてから、つぎの人へバトンタッチをするまでの、当人の責任において処理しなければならない、異種作業を統合した一連の業務であり、当人に任された単位業務なのである。

それにもまして、さらに重要なのは、「仕事の流れ」の標準化である。指令系統は階層を縦に縫ってゆく。それだけに、これに対する論議はゴマンとある。

しかし、仕事は部門の間を横に流れる。そして、それに対する論議はほとんどない。ただ一つ、チームワークという抽象的な概念があるだけなのだ。

抽象的なチームワークや協働という考え方だけでは、たんなる心構えを説いているだけで、分掌主義によるセクショナリズムや責任のがれに対しては、ほとんど実際の効果はない。だから、部門間を横に流れる仕事は、そのさかい目でたえず問題を起こしている。

このようにして、日常の仕事とその流れの標準化ができていないための問題が、あとからあとからと起こり、その処理に追われて、肝腎な未来を築く仕事に時間をさくことができないでいるのが、多くの企業の姿なのである。

現在の仕事をどのようにりっぱに果たしても、そこからは、未来にわたってより多くの結果を期待することはできない。それどころか、逆にだんだんと成果を得ることがむずかしくなる。

本当にすぐれた成果をあげられるものは、革新なのだ。だから、結果に焦点を合わせるということは、「未来の仕事に焦点を合わせる」といいかえることができよう。現在の仕事から関心をそらせて、これを未来の仕事に投入することこそ、経営担当者の正しい態度といえよう。

ここにも、明らかに、伝統的マネジメント論の脱皮の必要性があるのだ。

5・3 「誤りの法則」とZDは矛盾するか

シュレイは、権限について〝誤りの法則〟という新しい概念を、われわれの前に提示した。

われわれの仕事というのは、結果を手に入れるためであるから、結果さえよければ、やり方はどうでもいいというのだ。従来のやり方に焦点を合わせた考え方は捨て去らなければならない、というのである。

やり方は当人に任せる、当人は新しい方法をどんどん試みることができる、新しいやり方には当然のこととして誤りも起こる、その誤りは「大目にみてやる」必要がある、というのだ。そしてまた、権限というのは、この「誤りをおかす自由」のことである、というのである。

まことに当然のことながら、伝統的管理論の革命である。筆者もこの考え方には賛成である。ところが、一方に、「ZD運動」という思想がある（＊3）。「欠点を零にする」というZDの思想と、「誤りを大目にみる」という目標管理の考え方が、同一の企業に同時に導入されて、現実に混乱が起こっているのである。

これについては、目標管理の先生がたも、ZDの先生がたも、何もふれていない。マネジメント論の被害者は常に企業体の人びとなのだ。

この二つの矛盾したような考え方は、実は矛盾していないのである。ただ、教える先生がたが知らないだけなのだ。

誤りには二種類がある。一つは意志決定の誤りであり、これを「エラー」という。もう一つは実施の誤り、つまり結果が間違っているのであり、これを「ミス」という。設計の誤りがエラーであり、加工の誤りがミスなのである。目標管理で誤りというのは、エラーのことであり、ZDの欠点というのは、ミスのことなのである。

エラーは、あるところまでは許されるというのは当然のことである。これを許さないということになれば、新しい試みはだれもやらなくなる。誤りをおかすことによって、人間は反省し、向上するのだ。

しかし、ミスはそのままにしておくわけにはいかない。たとえそれがエラーから導き出されたものであっても、実施上のミスであっても、いかなる理由があろうとも、ミスをそのままにしておくことは許されない。正しい結果が出るまで、やりなおすのである。

以上を要約すれば、「意志決定の誤りは大目にみてよい。しかし、結果に誤りを織りこんではいけない」ということなのである。

エラーとミスの区別をよくわきまえておれば、混乱することはないのだ。

5・4 上を向け

伝統的な管理論は、「部下を管理する」ことのみに関心を示し、「上司の意図を理解し補佐する」という、経営担当者の最も大切な役割については、ぜんぜん教えようとしない。まことに不思議な思想である。皮肉ないい方をすれば、「上司は部下のためにある」という思想である。上司は部下のためにあるのではなくて、部下が上司のためにあるのだ。

経営担当者は、まず上を向かなければならない。上司の意図をよく理解してはじめて、部下に何をさせたらいいかがわかるのであり、客観情勢の変化を知らずに、これに対処することはできないからである。

目標が示されているからといって、経営担当者は上を向かなくてよいということにはならない。客観情勢が変われば、目標は変わらなくても上司の方針が変わることもある。

客観情勢の変化と、それに対処するトップの方針を常に知っていなければ、これからの経営担当者はつとまらないのだ。

伝統的な管理論は、上役として必要なことは、「部下は自分に何を期待しているか」を知り、部下の期待にこたえてやるというのだから、どう考えてもおかしい。部下の個人的な期待ならいざ知らず、会社の仕事についてこのように考えるのは、明らかに間違いなのである。こんなことをしていたら、企業の目標は見失われ、会社はどこへゆくのかわからなくなってしまうであろう。

だから、経営担当者は、部下に対してよりは、まず上役との接触を重視しなければいけないのだ。たえず上役と連絡をとり、新しい外部の情勢やそれに対処する上司の方針を知ることにつとめなければならないのである。そして、それをただちに部下に流し、部下に対する要望（手に入れてもらいたい結果）を明瞭に示すのである。

こうなってこそ、部下は働ける。新しい事態もわかり、それに対する会社の方針を知れば、それにそって努力をするのが人間なのである。

部下のほうばかり向いている経営担当者は、客観情勢の変化に対処することを知らず、顧客の要望が二のつぎになる。このような経営担当者は、企業にとって最も好ましくないタイプであるだけでなく、部下のためにも、けっしてよい上司とはいえない。

5・5 「権限は上司から奪い取るもの」という教育を行え

組織論で常に問題になるのが、「責任権限論」である。伝統的な責任権限論のおかす誤りは、拙著『マネジメントへの挑戦』に詳述してあるから、ここでは大切なことを一つだけ述べることとする。

それは責任も権限も、すでに企業が経験した事柄についてきまっているだけで、経験しない事柄についてはきまっていない、いや、きめたくともきめられないのだ、ということである。

ところで、これからの企業はたえず、いままで経験したことのない新しい事態にぶつかる。そのときに、担当者が「責任も権限もきまっていない」といっていたのでは、何もできない。いや、新事態に対処する時期を失する。

経営担当者は、責任のみ重く権限はないもの、と思って行動しなければならないのだ。この意識が大切なのだ。しかし、現実に権限がなければ、自分の任務を果たすことはできないこともたしかである。ではどうすべきか。それは、つぎのように考え、行動する以外にない。

経営担当者が新事態にぶつかったときに、なんらかの決定にせまられる。その決定を、自分に与えられている権限で処置していいかどうかを判断するのだ。もしも、権限が与えられていないと思うならば、それについて、どのような権限がほしいのか、担当者から上司に要求するのが本当なのだ。

これならば上司は、それについての権限を与えるのか、上司自らが処置するのかについての決定をくだせるのである。

このように、これからの企業にとっては、権限を明らかにする責任は担当者にあって、上司にあるのではない。これが変化に対応する理論なのだ。だから、「権限が与えられていない」というのは、担当者の責任のがれ以外の何ものでもないのだ。ここのところを、よく部下に説明し、理解させておく必要がある。

こうした考え方の革新をしておかないと、権限に対する論議がたえず企業の中に起こり、これが上司への批判という形をとってくるからおそろしいのだ。伝統的な責任権限論のおかす罪悪をみれば、よくわかることである。

部下に任せるということは、部下に自由に行動させるということであることはもちろんである。しかし、もっと大切なことは、上司が前進するための時間を生み出すことができることである。客観情勢の変化に対応することが最も重要なことであることを認識すれば、権限を委譲するということに、このような新しい意義を見つけ出すはずである。

この新しい理念を身につけてこそ、企業の要請する未来事業主義の経営担当者となりうるのである。

5・6 分掌主義よりプロジェクト主義へ

伝統的組織論の特色である「分掌主義」は、変化に対応してゆくという企業の要請にとって、きわめて好ましくないものになってきた。分掌主義は、職務を制度として固定してしまう「固定的分担主義」である。

ところが、企業というものは、全部の部門が同時に忙しいこともなければ、特定の部門が年中忙しいこともない。特定の部門が特定の期間忙しいのである。忙しい部門に他部門の応援はない。自分の受持ち以外の仕事は自分の責任ではない、ということになっているからだ。これが困るのだ。

忙しい部門でも、応援してもらいたいとは思わない。忙しいときに、仕事のよくわからない他部門の人間がきても、足手まといで、ありがた迷惑だからである。それよりも、自分の部分で忙しいときに間に合うだけの人員を確保しよう、と増員を要求する。ひまなときも、また忙しくなるときにそなえて、人員を減らそうとはしない（それだけでなく、部下の数が多いほど偉いという信仰がある）。こうして、間接部門の人員がふくれあがってゆく。

このように、人員ばかり多くても、忙しいのはごく一部の人員であり、他はそれほど忙しくないということになる。

会社全体の非能率もさることながら、もっと大きな問題は、変化に対応する弾力性と機動力に乏しいということである。

しかも、新事態にどのように対処するかが、企業の将来に大きな影響をおよぼすことを考えれば、どうしても分掌主義をすてて、プロジェクト主義への転換を必要とするのだ。

重要なプロジェクトについては、プロジェクト・マネジャーが任命されて、全責任をもち、そのもとにそれぞれの担当者によってチームが組まれ、一つの目標達成に協力する。そのプロジェクトが完成すればチームは解消する、というきわめてダイナミックなものである。

そのためには、従来の分掌主義は、むしろじゃまになる。最近、多くの企業で課長制を廃止したり、部課を大幅に統合したりするのはこのためである。これは、同時に間接部門の縮小にもなる。

これこそ、変化に対応して生き残るための企業の知恵であって、いつまでも古くさい組織論などにとらわれている企業は消え去らなければならないのである。

あくまでも生き残る要請から、わが社はどのような目標を設定し、それを達成するために、どのような態勢をとるか、その態勢のもとで、どのような活動をするかを考えてゆくことが大切なのである。

その中で、各成員は、共通の目標に向かって努力することができる。そしてまた、成員の能力向上のためのよき土俵ともなるのだ。密度が高く効率的という、企業にとっても成員にとっても好ましい方式である。

客観情勢の変化、顧客の要求に応じて、適切なプロジェクト・チームを組み、明確な責任態勢のもとに、目標達成に努力することこそ、これからの組織運営の理念でなければならないであろう。

プロジェクト主義でなくても、その精神で組織を運営することはできる。いや、そうすべきである。実例を紹介しよう。

筆者がある商社にお伺いしたときに、「組織図を拝見したい」と申し入れたところ、「うちには組織図はありません」という返答である。わが国のベスト・テンに入る大商社に組織図がないというのだ。その理由をきいたところ、「組織をつくっても、二カ月もたてば情勢が変わって、実情に合わなくなる。そんな組織のままでいたら、企業戦争は負けです。うちは組織ではなく、情勢の変化に応ずるための職制が、随時、手書きをコピーしたもので指令されてきます」ということであった。すばらしい業績をあげている企業には、やはりそれなりの明確な理由がある。これがその理由の一つである。組織図のないのがすぐれているのではなくて、その態度がすぐれているのだ。

5・7 制約条件を取り除いてやれ

S工業に調査に出向していたときのことである。たまたま新しい仕事を始めようとしていた。注文しておいた機械七台が、一カ月も遅れて入荷した。やれやれというわけで、大急ぎで設置して作業を始めようとしたが、不具合な個所があって使えない。

すぐさま機械をメーカーに返送して、手なおしを頼んだ。製造部長にきいたところ、一週間に一台ずつ手なおしができてくる、というのだ。冗談じゃない。それでは手なおしに二カ月もかかる。代金はときくと、納入と同時ということで支払ってしまったというのだ。こういうのを、殿様商売という。あまりのことに、筆者は製造部長に、つぎのような苦言を呈した。

「機械代金の支払いというものは、所定の位置にすえつけて、立会試運転をすませてのちに支払うものだ。納入時とは、品物が納入されたときではない。使用できる状態になったときだ。しかし、払ってしまったものは仕方がないとして、手なおし品についての部長の処置は間違っている。ただでさえ遅れて入荷したものが、さらに手なおしで遅れるのだ。それを、ノホホンと机に座って、〝二週間に一台手なおしができてくる〟といっている(部長は、強引に交渉して、二週間に一台というのを一週間に一台にしたので、もう自分の役目がすんだと思っていた)。これでは、いくら部下に気合いをかけても働くわけがない。ちょうどいまは、他に特に重要な仕事はないらしい。あなたは、いますぐメーカーのところへとび、手なおし完了まで、つききりで督促するのだ。毎日、先方の社長室にがんばっているのだ。もちろん、旅費交通費は先方もちである。こうすれば、おそらく、あれくらいの手なおしは、一週間か一〇日で終わるはずである」

部長は、「また君にしかられた」といって、出張の用意を始めた。

仕事には、このような担当者にはどうにもならない制約条件があったり、発生したりするものである。得意先からスペックがこない、特殊材料が支給されない。スペースがたりない、絶対人員の不足、……。

目標を与えて、あとは任せる、やり方は問わない、といってみても、実戦の場には以上のような制約条件が常につきまとう。それらのものまで任せる、という理由で放置されるようなことがあってはならない。

それらの制約条件を上司の力で、すみやかに取り除いてやることは、百万言にまさる督促なのだ。こうすれば、担当者は黙っていても働く。くだらない人間関係にいくら気をつかっても、上司の職務それ自体に大きな誤りや怠慢があるならば、部下は一生懸命働こうとはしないものだ。

上司自らの目標達成の意欲と行動こそ、部下をふるいたたせるもとになるのである。

＊1　「たたる」とは、あることが原因で、悪い結果が起きること。

＊2　標準化については、『マネジメントへの挑戦・復刻版』の「4・11 仕事の流れを悪くする職務分掌」に詳しい。

＊3　ゼロ・ディフェクツ（Zero Defects）の頭文字を取ったもので、無欠点運動とも呼ばれる。1960年代に米国で始まった取り組みで、その後日本でも普及した。日本能率協会コンサルティングのウェブサイトによると「ZDのもっとも大きな特色は、その名のとおり欠点をゼロにすることである。欠点とは不良、故障、災害などであり、これらをゼロにすることは〝あるべき理想の姿〟である。従来の欠点をゼロにする方法としては、たとえば不良品を出してから良品と選り分けたりしていた。しかし、ZDでは『はじめから正しく仕事をする』ことによって、不良品をつくらないようにする」としている。

6章

チェックなくして目標なし

6・1 うまくいかないチェック

筆者は、目標管理を実施しているという会社では、必ずつぎの質問をしてみることにしている。それは、

「チェックはどうしていますか」

ということである。そして、その返答は大部分の会社で申し合わせたように、

「それが、忙しいものですから、つい……」

というような返答である。結局は目標の出しっぱなしなのである。

目標管理では、目標達成のためのやり方は問わない。どういうやり方でもよい、要は目標を達成することである。だから、なるべく大幅に権限を任せて、自由に活動させ、創意を発揮させるべきである、という思想であり、この点筆者もまったく同感である。仕事のやり方について、上からあれこれいうのは干渉である。

間違っているのは、これからのちである。つまり、自由に活動させるのだから、上司は包括的な管理をすればよいというのだ。包括的な管理とは、具体的にどのようなものであるかは教えてくれない。「まとめて包みこむような」管理では、なんのことかさっぱりわからない。そして、その結果については、各人自ら評価と反省を行い（これが目標管理の特色なのだそうだ）、しか

るのちに、その反省に対して上司との話合いがもたれ、つぎのよりよい目標設定のための動機づけを行うということである。

まさに、間然するところのない人間関係論である。なんという、春風駘蕩たる、平和と調和の世界であろうか。その春風駘蕩の世界で、人間はナマクラになり、いかに実績が上がっていないか、先生がたはご存じないのである。

先生がたのいう人間関係は、人間の満足感をいかにして与えるか、そして満足感を与えれば、それで仕事の実績が上がると思いこんでいるところに、根本的な間違いがある。

人間という動物は、満足感を得た瞬間から努力しなくなるという、やっかいな習性をもっているのだ。満足感はかえって安易感を生み、無意識のうちに仕事の質と量は落ちてゆくのだ。満足感の中ですぐれた業績をあげられる人間など、いるものではない。これがわからないかぎり、人間関係論者は、本当の人間関係について考えてみようとはしないであろう。

ここで、満足感について考えてみたい。

快適な環境のもとで、上司の細かな心づかいの中で、自分の能力に合った仕事をすることによって得られる満足感が本当の満足なのであろうか。

それとも、自分にはムリと思われるような高い目標と重い責任を負わされて、上司からつき放され、血の出るような苦労の末にその目標を達成したときの満足感が、本当の満足感なのであろうか。人間は、血の出るような苦労の末にかち取った結果にこそ真の満足感と幸福感を覚えるものなのだ。

人間関係論者が、本当に人間を尊重し、満足感を与えたいのならば、その人間に困難な任務を与えて、ギューギューしごきぬくべきである。その過程で人間は鍛えられ、かち取った結果にかぎりない満足感を覚え、自分の能力に自信をもち、つぎのより高い、より困難な目標に挑戦する勇気と意欲がわくのではないだろうか。

平和と調和の世界からは、人間を本当に動機づけするものは得られないのである。

「目標は、各人の意志にしたがった自己統制による」といってみても、いささか理想論にすぎる。人びとは、それぞれの仕事をもっていて忙しい。目標を設定しても、それが自己統制ということで、上司からのチェックがなければ、しゃにむに目標を達成しようと努力するような、すぐれた人はあまりない。普通の人間は、そのような殊勝な心がけには、なかなかなれないものなのだ。

目標よりも日常の仕事のほうが優先してしまうのが、むしろ自然だ。ときどき、上司によって報告会が開かれなければならないといってみても、上司も忙しい。報告会など開かなくとも、毎日の仕事に支障はない。つい報告会が二のつぎになってしまう。これが、チェックがなかなか行われないという理由なのだ。

そして、半年か一年後に反省するといっても、もう熱がさめてしまう。目標が達成されなくとも、理由をいえば反省になるなら、何も苦労して目標達成に努力することもない。そんなことをしなくとも、毎日の仕事が目標達成につながっていることも事実なのだ、という理由がつけられる。これではチェックが行われるわけがない。

一年後でも、上司のチェックがあればよいほうで、おおかたの会社ではチェックも行われずに尻切れトンボで、名前だけ残るようになってしまうのである。

このような現実を無視して、個々の成員のセルフ・コントロールに期待し、自ら評価と反省を行うというような、観念論で美化してみても、それができるのは、ごく一部の優秀な人材であって、大部分の凡人については、しょせん絵に画いたモチなのだ。そして、管理論というものは、ごく一部の人材のためのものではなくて、大多数の凡人に適用できるものでなければならないのである。


企業は戦争なのだ。食うか食われるかの血みどろの戦なのである。その戦に何がなんでも勝ち残ることこそ至上命令なのである。

生き残る条件としての目標は、なみたいていの努力で達成できるものではない。その目標達成を、各人のセルフ・コントロールに任せておけばよいというような考え方は、上司の怠慢であり、自分から目標達成を放棄することなのである。

やり方は任せるのだから、上司が口を出すのは干渉になる。だから、やたらと口を出してはいけない。筆者も、まったく同感である。各人は、自己統制を行いながら目標達成に努力する。まことにそのとおりである。

しかし、だからといって、まず本人の反省が大切であり、上司のチェックはその後で行うという目標管理の指導理念は、正しいということにはならない。いや、筆者にいわせたら、まったくの間違いである。

その間違いは、目標管理の思想そのものにある。つまり、目標は各人の能力に合った、実現可能なものでなければならない、という思想である。目標を設定する時点で、すでに実現可能な見通しがあるのだから、実現はほとんど間違いないのだ。だから、まず自己評価し、その後で上司が評価すればいいといえるのだ。

このような、「会社は絶対につぶれない」という前提条件がなければ成り立たない理論は、われわれには不要どころか、害になるだけである。

それでは、上司によってどのようにチェックをするのか、やたらにチェックをしたり、思いつきでチェックをするのでは、任せたことにならないし、だいいち、上司はわずらわしくて自分の仕事ができなくなってしまう。では、どうしたらいいのであろうか。

6・2 上司による定期的チェックが絶対に必要

目標は企業の生き残るためのトップの決意である。是が非でも達成しなければならないのだ。だからこそ、目標は上司によって強力なチェックが必要なのである。

実施を任せるということと、その結果をチェックするということは、ぜんぜん別のことなのである。ここのところが、目標管理の先生がたにはわからないらしい。やり方を任せるのはよい。しかしチェックまで任せるのは、任せるのではなくて上司の責任の放棄である。

企業にとって、仕事のやり方はどうでもいいのだから、任せればよい。そのほうが手数がはぶけてよい。任せられたほうも、そのほうがやりよいから、よい結果を生むことになる。

しかし、目標はどうでもよいのではなくて、なんとしても手に入れなければならない結果であるから、これがどうなっているのか、チェックをしなければならないし、しなければ怠慢である。

目標期間が過ぎてから、実績が目標と大幅にずれていることを発見しても、後の祭である。それについて、どのような反省が行われようと、実績はどうにもならないのだ。

だからといって、やたらにチェックをするのでは、結果において任せたことにならなくなる。任せながらチェックをするには、どうしたらよいか。それは、定期的にチェックをすることである。これを、目標設定のときに明示しておくのだ。そして、チェックとチェックの間は何もいわずに、完全に任せるのである。この間は、緊急事態以外は、口出しは厳禁である。

こうすれば、任せながら目標達成は判明するし、この機会を利用して、必要な指導や助言を与えてやればよい。

チェックのタイム・スパンは、目標のもっている性格と重要度に応じてきめればよい。筆者の経験によれば、一般に、月次損益は毎月、それ以外の目標については三カ月に一回くらいが適当である。ただし、特別に重要なプロジェクトについては、個別にチェックのタイム・スパンをきめるほうがよい。

ところで、そのチェックはどうやったら効果的にできるのであろうか。

6・3　チェックは報告会で

チェックは、階層別の報告会でやるのがよい。個人個人と相対でチェックするよりは、報告会でするほうが左右のコミュニケーションにもなるし、時間も節約される。そのうえ表現力の訓練になる。

表現力は、これからの企業の幹部にとって、非常に大切な条件の一つである。上司に対し、同僚に対し、部下に対し、自分の考えを誤りなく伝えられずに、任務を果たすことはできないからである。

別の意味で、報告会は、それ自体が目標達成の推進力をもっている。それは、人間だれしも誇りをもっている。その誇りにかけても、あまりおかしな結果を同僚の前で発表するのでは、メンツをつぶすことになる。これは、一回メンツをつぶすと、あとはこれにこりて努力をするからである。ある販売会社では、毎月成績に応じて席次をかえている。これも効果的にする方法の一つであろう。

報告会の時間は経営計画に明示されているから、期日について数日前に通知をする。この会には、担当者が簡単な報告書をコピーして参加者全員に配布するのもよい。

報告会では、上司によってまず会社の成果が目標と対比されて報告される。つぎに各自の目標について、必ず持ち時間をきめて、この枠の中で要領よく報告するよう工夫させることである。これが訓練である。持ち時間をきめないと、ダラダラして、けじめのつかない会議になる。

報告で大切なことは、報告事項として、

一　目標

二　実績

三　不達成事項の対策

にかぎるということである。ところが、先生がたは「不達成の原因を究明し」というような、まったく間違った指導をせよというのだから、困ったものである。

不達成の原因を究明することは厳禁しなければならない。不達成の原因をいくら究明してみても、不達成の事実を変えることはできないのだ。

これは、時間のムダだけでなく、大きな弊害をともなう。不達成の原因を追及した瞬間から、それは報告会ではなく、裁判になってしまうからである。上司が検事兼裁判長、担当者が被告兼弁護士である。この裁判は必ず被告兼弁護士が勝つ。というのは、どんなバカでも必ず満点の答えができる。雨が降った、風が吹いたが、担当者にとっては、りっぱな理由になるのだ。

もしも、上司が満点の答えに対して、うなずいたり、意見をいわずにいたら、「上司が了解したのだから、これまでの不達成はご破算だ」と自分に都合のよい解釈をするのが人間なのだ。

このようになったら、不達成の責任は、いったい、だれにあるのかわからなくなってしまう。それとは逆に、上司が担当者の述べる理由について、追及したり、反論したりすれば、上司はムリをいう、そんなに都合よくいかない、そんなにやさしいのなら、上司が自分でやったらいい、ということになる。上司に対して不信の念を起こすのだ。

どちらにしても、不達成の理由をいわせると、責任の所在が不明になり、目標達成の至上命令がボヤケてくるおそれが多いのだ。だから、不達成の原因や理由は、絶対にいっても、いわせてもいけないのだ。

火事は、原因を調べることより消すことが先決なのだ。不達成目標は、その理由をきくことではなくて、不達成事項を取り返すことなのである。

だから、不達成目標に対しては、原因はきかずに、前向きの対策をいわせることなのだ。では、原因の探求はしなくてもよいのか、ということになる。原因の探求は絶対に必要なのである。筆者がいうのは、それを会議の席上でやってはいけないというのだ。会議は裁判ではなくて、前向きの決定をする場だからである。

原因の探求は、担当者が自ら報告会の前に行い、その対策を自ら考えるのである。これが自己統制なのだ。担当者は、こうして自分できめた対策をもって会議にのぞむのである。

重ねて強調する。原因の探求は、自己統制の段階で対策をねるときに行うことであって、報告会でやることではないのだ。

筆者の経験では、一〇社のうち九社以上は、不達成の原因を会議の席上で追及している。そのために、後向きのつるしあげ会になってしまい、責任の所在があいまいになり、前向きの建設的討議がなされないでいるのは、はなはだ残念である。

報告会は、あくまでも、目標を達成する方策に焦点を合わせるべきである。上司の、目標達成の決意を示すものが対策をいわせる、ということになってあらわれるのだ。

したがって、その対策は抽象的なものは許されない。あくまでも具体的なものでなければならない。

もしも、この対策がいいかげんであったり、具体性がなかったら、どこまでも追及してゆくことが大切なのである。追及は、不達成に関してするものではなく、将来の達成に対して行うものなのである。

しかし、報告会の席上では、あまり追及することは、議事の進行を阻害するから、日をあらためて、とことんまで担当者と方策をねるのである。この場合も、いつ、何時に行うかを必ず明示することである。

はなはだしい不達成については、もう担当者に任せておくことはできない。自ら乗り出して解決に当たるのだ。これが例外管理である。このときに、担当者をさしおいてやってはいけない。本人のメンツだけでなく、自信をもなくさせてしまうからである。

担当者を通じて解決してみせるのである。担当者は、自分がやってできなかったことだけに、上司の解決のやり方をみて、自分のやり方、考え方のたりなかったこと、間違っていた点を痛切に反省するし、啓発されるのだ。これが本当のＯＪＴなのである。部下を教育する最良の場は、部下のたずさわっている仕事それ自身なのであることを、忘れてはならないのだ。

このようにして、どこまでも目標達成を要求し、指導するのが上司の役目であり、目標を達成することが担当者の責任なのである。

目標は上司の決意であり、チェックは執念のあらわれである。

執念のない決意は、障害の前についえ去る危険があり、制約条件と早ばやと妥協しがちになるのである。あくまでも執念をもってねばり抜くのだ。このねばりが、目標達成の成否をきめる大切な鍵なのである。

定期的にチェックしないのならば、目標など設定しないほうがよい。きれいごとの自己統制で目標管理ができるのは、「紙の上」だけの話なのである。それほど目標達成は苦しく、むずかしいものなのだ。

このようなチェックを行うと、チェックを受ける側はどのように受け取るだろうか。それは、某社の某課長が筆者に語った言葉で代表されよう。その要旨は、

「従来の報告会は、何も準備せずに出席できた。不達成の理由を追及されるのはありがたくないけれど、それに対して、いいわけの機会が与えられる。それには、常に自然に準備された理由があった。その結果、不達成が正当化され、責任がウヤムヤになっていった。ところが、新しいやり方は苦痛だ。伝家の宝刀であるいいわけをピタリと封じられてしまい、おまけに、不

達成の対策をもって会議に出なければならない。準備をしないと会議に出られない。ヒドイですよ……」

と、そしてその後のつけたしの言葉が傑作である。

「しかし、これが本当ですね」

7章

高収益高賃金経営の目標

7・1 目標と業績評価を結びつける

企業の成員は、企業の意図する成果をあげるために必要なのであって、成員のために企業があるのではない。成員に賃金が支払われるのは、明らかに、成員のあげた成果に対してである。だから、賃金は企業の成果に応じ、成員の成果への貢献度に応じて支払われなければならない。しかし、個人の成果を誤りなく測定して、これに応じた賃金や報賞を与えることなど不可能である。そのうえ、賃金にはいろいろな要素があって、成果主義にドライに割りきることもできない。

とはいえ、成果主義という基本原則は、賃金の中に生かさなければならない。そこで、どのような評価をしたらよいかが大きな問題になるのであるが、業績評価の適切なモノサシがないので困るのである。

それでも、上級幹部はまだ比較的いい。彼らには、なんらかの具体的な評価のモノサシがある。しかし、中下級幹部になると、だいぶめんどうになり、一般の従業員にいたっては、本当のところ、モノサシがないといってもいい。

伝統的な、もっともらしい評価法――それは人間の抽象的な能力を列挙して採点する――ほど非科学的なものはない。

あのような抽象的な尺度が、企業への貢献と密接な関係があるという、客観的根拠は何もない。あくまでも期待が根拠であり、評価は主観である。あんなことをしなくても、どうせ主観なら、「あいつはよくやる」「あれはダメだ」というような上司の勘で十分である。

人間は、あのもっともらしさに弱いらしい。しかし、協調性と計画力と仕事の知識が同じ点数で評価されるのは、その理由はどこにあるのか、といってみても、だれも答えられない。とすると、正しいか、誤っているかわからぬモノサシで測ってみても、その結果はやはり、正しいのか、誤っているのかわかったものではない。

論より証拠、あのような評価法でやると、おかしな結果が出るのは、やったことのある人は、だれしも経験しているはずである。そこで、「勘で修正する」というようなことになる。最後のきめ手は、勘による比較なのだ。

これが伝統的な評価法の正体であり、非科学の見本である。評価という観点からみたら無意味なだけでなく、大きな弊害をともなう。ただ一つの意義は、評価される人に、「勘で評価しているのではない、このような科学的な方法で評価をしているぞ」という説明とジェスチャーのためであるということである。

だから、抽象的な業績評価にたよることをやめて、もっと具体的な業績評価を考えることである。

具体的な業績評価の考え方としては、あくまでも結果を重要視し、その手段や過程、努力の度合い、抽象的な能力などは考えないことである。もしも、それらのものがすぐれていれば、そしてそれが結果を手に入れることにうまく結びつけば、よい結果が生まれるのであるから、結果だけみればよいのだ。

よい結果を得るために、なるべく少しの努力ですませることが大切である。

「経済社会では、気持の上の一生懸命は通用しないのであって、問題は品質と値段だけである。一生懸命にやらないでも、品質がよく、値段が安ければよい。一生懸命賃というのは支払われない」(『スピードに生きる』本田宗一郎著)

という精神である。

これが生産性の考え方である。この考えに基づいて、業績評価の順位をあらわせば、

① 努力せずによい結果を得たもの
② 努力してよい結果を得たもの
③ 努力せず、結果も悪いもの
④ 努力しても悪い結果しか得られなかったもの

となろう。

ここのところをハッキリさせないと、業績評価は混乱するばかりである。

努力を貴しとする思想は、それにつながる結果への期待であって、努力それ自体ではないこ

とを、われわれは忘れてはならないのだ。

しかし、努力は「美徳」であることはたしかである。だから、業績評価と報賞の方針として、「よい結果を得たものにはダンゴをやる（昇進・昇給・賞与など）、努力したものには花をもたせる（表彰をする。ただし昇進・昇給などはさせない）」というのが正しい。表彰状は食えないのだ。花しかもたせられず、ダンゴをやることができない人間については、本人はもとより、上司として、その努力や指導に誤りがないかを、よく反省してみる必要があろう。

7・2 幹部の業績評価はこうして

上級幹部の業績は、企業の業績と直接またはかなり密接に関連づけて評価することができる。事業部長などは、ズバリ事業部利益それだけでよい。営業部長ならば、売上高とか伸び率、付加価値額などで測定できる。製造部長ならば、生産高やコストなど、相当明確な絶対数字によって評価することができる。もう一つは、それらの成果と、その成果をあげるために費された費用との比率でみればよい。つまり、生産性の考え方である。算式にすれば、

部長の業績＝部のあげた成果（売上げ、生産、付加価値など）÷（部の人件費＋経費）

となる。気をつけなければならないのは、人件費と経費は、あくまでもその部門の固有のものだけであって、共通的なものは算入してはならない。これを入れると、真実の姿がわからなくなる。

中下級幹部の業績評価は、下部になるほど、上級幹部と同様のモノサシによる評価がむずかしくなる。そこをなんとか工夫して、しかもあまり費用と労力をかけずに評価することを考える必要がある。

それには、「付加価値」を中心とした評価をするのが最も妥当なものに近い、というのが筆者の主張である。付加価値こそ、企業が生み出した経済的価値であり、これが生産性の基礎概念であるかぎり、これを中心とするのが本当である。

計算式にすると、

部門生産性（部門の長の業績）＝部門のあげた付加価値÷（部門人件費＋部門経費）

という式になる。蛇足ではあるが、部門経費というのは、固有経費のみであって、共通経費を入れてはいけない、ということを忘れないでもらいたい。

ただし、この答えをそのまま評価してはいけないのだ。傾向で評価しなければならない。まず「生産性」でみるのは、人員の増減、昇給などの変動を消すのには比率でみなければならないし、「傾向」でみるのは、部門間の不公平をならすためである。

部門のあげる付加価値の絶対額は、製品のもっている収益性によって基本的にきまってしまう。これは部門の長の意志や努力ではどうにもならない要素である。それを絶対額で評価したら、もともと収益性の悪い製品を割当てられている部門は不利になるからである。

傾向で評価すれば、そのような不公平による間違いを防ぐことができるからである。

もう一つ、傾向評価のよい点は、生産工程が横割りになっている場合に、部門付加価値の算定を、工数割りを基準にし、部門装備の違いなどを勘案して行う場合に、その計算法の妥当性について、あまり論議をする必要がない。妥当性が多少欠けても、これを傾向評価するときには、それらの誤りは完全に消えてしまうからである。傾向でみる場合には、絶対値はいくつでもさしつかえないのだ。

ただ、注意しなければならないのは、減価償却費である。会計処理がどうあろうと、業績評価の場合には「定額法」にする必要がある。「定率法」でやると、部門努力と無関係な減価償却費が年々減少するために、その分だけ生産性が上がったように計算されてしまうことになるからである。

部門生産性の測定で困るのは、間接部門の生産性である。

間接部門の生産性は、文字どおりその仕事が間接的であるだけに、その効果や業績を、数字であらわすことは非常にむずかしい。

この業績測定の困難さが、関接部門の肥大化の大きな原因となっていることも事実である。

企業が成長し、あるいは近代化をする過程で、新しい管理業務や制度が導入されてゆく。それらはほとんど例外なしに、間接部門の仕事の増大をともない、間接部門の人員が増加してゆく。

それらがどのように企業全体の業績に貢献しているかは、よくわからないというのが本音であろう。わかるのは、その活動の質的な意義と、その活動によって発生する費用である。

とすると、結局は企業にとってプラスなのかマイナスなのかわからない。ここに経営者の悩みがあるのだ。この悩みも、生産性の算式をつかって、数字でとらえることができる。

間接部門といえども、それは企業の経済的価値創造のためにあることは間違いない。とすると、その目的を果たしているかどうかを測定するには、生産性の算式の教えるところにしたがって、間接部門がサービスしている部門または製品の付加価値を、その部門の費用で割ればよい。算式は、

間接部門の生産性（間接部門の長の業績）＝
サービス対象の部門または製品のあげた付加価値 ÷（部門人件費＋経費）

となる。経費はむろん、固有経費である。

各級幹部の業績測定は、企業が経済的活動であるかぎり、最終的にはこれでよいわけである。しかし、この生産性は量的なものであって、質的なものではなく、またもう少し内容を明らかにすることも大切であろう。

そこで、そのような内容を評価するには、どうしたらよいか。

それは、企業としての指導方針と、直接結びつけることであろう。具体的な例をあげてみれば、災害減少に関する目標であるかもしれず、クレームの減少かもしれない。計数管理能力の向上でもよいし、接客態度の向上でもよい。

それらの方針と、そこに期待される結果を企業の目標として設定し、それを評価する基準をきめる。のぞむべきは点数制にして、点数の多寡によってウエイトづけをし、企業の意図を明確にすることである。これでこそ、点数制は科学的ではなくても、その意味をもってくるのだ。つまりトップの意志である。

当然のこととして、それらは目標発表時に同時に公表される。評価はその項目と評価法を事前に発表してこそ意味があるのだ。そして、これこそ本当の意味での前向きの評価であり、正しい指導法である。

業績主義も、ここまで徹底する必要があるのだ。

7・3 従業員の業績評価はこうして

一般従業員になると、個人の業績評価は、まったくむずかしいものになる。もはや個人の生産性を測定することは、測定そのものに費用がかかりすぎて引き合わなくなるし、コンベア作業などでは、完全に不可能である。

測定できないものは評価できないということになる。といって、伝統的なやり方には賛成できない。あくまでも具体的なもので評価しなければ意味はない。

まず第一に、企業の目標として示された幹部の業績評価に使用される事項を、従業員にも適用されることが考えられる。

しかし、それらは必ずしも個人に対するものではないので、個人に対する企業の期待を目標として設定し、同時に評価の基準を明らかにする。点数制にしてウエイトづけをし、企業の意図を明確にすることは、幹部に対してとまったく同様である。そして、事前に公表することも。

評価事項はあくまでも具体的に、「出勤率はどうか」「始業・終業時刻を守っているか」「標準作業法を守っているか」「後始末をよくするか」「機械の手入れをよくするか」「他人の仕事をよく手伝うか」「安全規則を守っているか」「接客の心得をよく守っているか」……などいくらでも考えられる。

ただし、打ち出すのは「考えられる事柄」ではなくて、「わが社の期待する事項」を重点的にしぼることが大切である。欲をかいて、たくさんかかげることは、かえって効果的でないのだ。

これらの目標は(幹部に期待する目標も同様に)毎期変えてゆくのだ。むろん継続してかかげてもよい。要は目標を達成したら、つぎの目標にうつればよいのだ。

こうすれば、各人はそれぞれ、会社は具体的に何を自分たちに期待し、それをどのように評価しようとしているかがわかる。

だからこそ、自分で考えることもできるし、評価の結果についても、少なくとも従来の抽象的なものよりも納得しやすいのである。

これからの業績評価は、企業の目標や指導方針と直結した具体的なものだけではなく、客観情勢の変化に対応するダイナミックなものでなくてはならない。

もはや、時代遅れになった評価法は、まったく捨て去られなければならないのである。

7・4 高収益高賃金経営こそ生き残る道

企業は生き残らなければならない。それが近時、非常にむずかしくなってきた。かつては倒産といえば、不景気によるものが多かった。しかし、この二～三年は景気に関係なく、倒産は増加の一途をたどっている。

企業をとりまく外部情勢は、ますますきびしく、変化は早くなってゆく。一方、人件費の高騰と人手不足は、労務倒産の危機さえはらんでいる。このような多くの圧力をはね返して、存続するための不可欠な基本的な姿勢がある。

その基本的姿勢とは、「高収益高賃金主義」である。高収益主義だけでは長続きせず、高賃金主義だけでは企業はつぶれる。それは、マネジメントの問題ではなく、経営哲学と戦略の問題である。

高収益高賃金を実現するものは、まずトップのすぐれたビジョンのもとに、企業の長期的な目標が設定されなければならない。企業の成員は、この目標を達成するために、あくまでも前向きに、「革新と変化への対応」を基本的な態度として、異なった階層、異なった部門の活動を、一つに結集しなければならないのである。

父に想う

一倉健二

「一倉、死ね。一倉、死ね」

例により、父に厳しい指導を受けた社長が「一倉定」と紙に書いて、壁に貼り付け、拳骨をこれに突き向け、叫ぶ。何回も、何回も……。

初対面の社長に、「出て行け」と追い払う。憮然として社長は退室。二年ほどして、その社長は再び父の前に現われて、「あの時、先生に追い払われ、腹が立ったが、よく考えてみると先生の言うとおり。これからもご指導お願いします」。

この二つの話は直接、父から聞いた。少し微笑を浮かべながら話していた。この微笑は一万社指導の自負か、自信か、信念か……。

私が、小中学校の時、年度替わりに学校から「家族状況調書」を渡され、そこに父の勤務先記入欄があった。父に勤務先を聞き、記入するが、毎年、勤務先が違っていた。毎回、尋ね聞くのも面倒になり、兄に確認すると「そこは『会社員』でいいんだ。またいつ変わるかわからないからしかたないよね」。

この時期、父は一体いくつの会社に、就職、離職を繰り返したのか。社長に愛想を尽かし、辞表を叩きつけた事もあったと想像に易しい。コンサルタントになる前にも多くの社長に触れ、その都度、何かを学び取っていたのだろう。

家では給料の遅配。経済的にきつく、家計を補うため母は保険外交員になった。兄小6、私小3、妹小1の時だった。鍵っ子のはしりである。

母から「お父さんには、仕事を好きなようにやってもらおうと思っていたが、会社を設立することだけは反対した」。そして、父はコンサルタントの道へ。

しかし、名も無く、ツテの無い父は、その活動法をいろいろ考え、その一つに著書を使った。最初の著書が『あなたの会社は原価計算で損をする』。また、講義会場を確保し、チラシを配付。このチラシによって、父に大きな影響を及ぼすF社長と出会う事になった。


以下その経緯をF社長談も含めて。

京都で会社経営をしているが、経営不振で何をどうしたらよいか全くわからなくなった。経営を放棄して、伊豆の旅館で不貞腐れて、畳の上で大の字に成っていた。そんな時、一倉先生の講義のチラシを見た。すぐに受講を決めた。

――東京の講義のチラシがどうして伊豆の旅館にあったのか？

講義初日は、受講生二百人ほど。二日目、受講生はその半分。三日目は、更にその半分。

話し方は下手だった。しかし、F社長は三日目の講義終了後、東京の飯田橋駅前で父を待ち受け、「是非、ご指導を」。

以後、月に一回来社。朝十時から午後五時まで指導。午後五時になると、F社長は書類を伏せ、「先生、ご指導はここまで。これからは私の時間です。飲みに行きましょう」。

F社長は、病により胃を全切除。固形物はほとんど食べられず、非常に痩せていたが、その瞳は真っ黒で、どこまでも深くて、行動、言動には迫力一杯、この迫力は誰もが尻込みしていた。

酒に弱い父は、ほろ酔いの中、F社長に言った。

「私のコンサルタント業は、うだつの上がらない職業だ、この先どうなるか?」

「いや先生、それは違う。先生は必ず日本一になる」

父の弱気な一面を垣間見たのは、後にも先にも、このF社長談の中だけ。

「鬼倉」。これは父の自称で、誰に言われたわけでもない。

ある時、指導を依頼してきた社長にいろいろアドバイスをしたが、この社長は実践しなかった。そして倒産。ここに父の反省があった。

「もっと強く、怒鳴りつけてでも実践させていれば、この倒産はなかっただろう。これからは、鬼になる。罵倒してでも、実践させる。鬼倉になる」

この鬼の実践により、罵倒される社長多々。顔にマジックで「×印」を書かれた社長。半日以上無言の指導を受けた社長。社員の前で恥をかかされた社長。これらの話をする社長には共通点があった。父から受けた罵倒を語る時、皆、ニコニコと、さらに自慢気に話していた。

父の指導の中に、非常に基本的なものがあった。これのない会社は「砂上の城」。

それは、環境整備。この中で多くの社長方が一番苦労するものが、清潔・掃除だった。

四国、Mホテルの M社長。

父に視察を受けた時、環境整備は百点満点中、三十点。落第だが、M社長曰く「三十点という事は、あと七十点の伸びしろがある」とニコニコ。

この時、ホテル増設の計画があり、現ホテルの傾斜地の上方に候補地が。父はすぐ観にいく。草の生い茂った細い山道。革靴では歩きにくい。二十分ほどし、父は「これは良いロケーションだ。良い増設ができるだろう」。M社長にはよい励み、自信になった。

東北Y社。食品包装容器の卸問屋。

創業当時のY社長は、事務所はお客様からの注文、確認などの電話で騒然としているものと考えていた。果たして事務所はそうなっていたが、父の指導通りにしていくと、事務所が徐々に静かになっていく。「今はこの通り静かなものです。売上げは確保しているのに」。

ある日の掃除終了直後、Y社長は社員に尋ねた。

「本当に綺麗になっているのか？」

「ハイ、綺麗になっています」

「では、確認」

上着を脱ぎ白いワイシャツ姿になり、床に横たわり、体をクネクネ。ワイシャツの汚れ具合は聞かなかったが、以後、掃除終了後は全員でクネクネ体操。

環境整備の一つとして、倉庫の収納を見直し、収納棚もその対象となり、ホームセンターから資材を購入。新たな棚を作り、あわせて商品の受け入れ、出荷の流れも検討した。その結果、従来の繁盛期には男性社員六人で残業して受け入れ・出荷作業をしていたが、環境整備後は同様の作業に女性社員二人とパート二人のノー残業で業務遂行。そしてY社長は父の指導のもと、収益の低い売れ筋三品を捨てた。


綺麗にする……これは対症療法。では予防療法は？　汚れない工夫。

Y社長は、包装容器で食品業界にも関連していたので、その延長線上に独自開発の美味しい漬物を取り入れた。その漬物は香淳皇后に「あの漬物をもう一度食べたい」と言わしめたと聞き及んでいる。

食品の扱いであるから、その厨房に工夫をした。その一つ、汚れの付きやすい床と壁の境目。ここに丸みを付け、汚れの付きにくいようにした。社員は次々にアイデアを出し、これは仕事に受動的な社員を能動・積極性へと導いた。

しかし、このようになるには、何かキッカケがある。以下三例。

一、S社。ここに私が訪問することになった。S社はなかなか環境整備が進まない。困っていたがある時、私が訪問する事になり、これを機にS社長は社員に「明日、偉い先生（父、一倉定）の息子さんが来社するので恥をかかないように綺麗にしてほしい」と力説、ハッパをかけた。果たして、今まで以上に綺麗になった、と。S社長曰く、「やれば出来るじゃん」。

二、K焼肉店。環境整備指導で、店舗のレジそばの金属性の汚れたゴミ箱を、父は床に投げ付け、飛び出して来た幹部社員の前でK社長を罵倒。そして幹部社員の反省。「社長に恥をかかせてしまった。申し訳ない」

三、N社。父の指導で「週刊誌見開き分の広さを三〇分かけて綺麗にする」。N社長はこれを指示したが、女子事務員の反発のため環境整備が進まなかった。机の上を三〇分かけて雑巾がけで反発は当然の事。が、ある夏の暑い日、男子社員が汗だくで、社屋の外壁を掃除していた。その一生懸命な姿を、二階事務所の窓越しに女子社員が見ていた。そして、その姿に女子社員の中にはうっすらと涙する光景が。意識の変革ができた。

父はカバンの中に照度計を入れていた。職場、売り場、作業場などの明るさを確認する為に。社内は四〇〇ルクスを確保、との指導。経験のある方はおわかりと思うが、四〇〇ルクスの確保はかなり大変である。

天井の高い作業場ではどうするのか。父は具体的な指導をしていた。作業の手元から遠い天井部には水銀灯、近いところには蛍光灯と。そして、職場を明るくすると女性が綺麗になっていった。明るくする場所はトイレ、洗面所も例外ではない。明るくなった洗面所の鏡を見て、お化粧くずれが確認し易くなったので、即、化粧直しができる。結果、女性が綺麗に。

掃除の対象は建物の外壁も。父は、外壁の掃除は地上二メートルまでとし、それより高いところは高所作業になり危険なので、専門の業者に依頼する事と指導。が、高所作業を行ったK焼肉店では屋根まで掃除をした。反対側の屋根を通して、ロープを固定、このロープを腰に結び転落防止策を行っていた。掃除に対する執念。この執念は、社員にも高揚していった。

父から環境整備の指導を受けたK社長は、環境整備の出来具合いをチェックするために、チェックチームを作り、十数店を順次チェックした。ある時、非常に綺麗な店があった。

その店の店長は「昨日の営業終了後、徹底して掃除しようと、移動できる物をすべて道路に出し、不断は手の届かない所まで掃き、雑巾掛けをして、今朝すべてを元に戻しました」。

掃除は店前の道路も数十メートル離れたところまでする。そのため、地域の住民にも好感を持たれていた。ある時、本店でボヤ火災を発生させてしまった。

原因は無煙ロースター。このロースターは、煙を床下の煙道を通して外に排出する構造のため、不断の掃除では手が届かない。この煙道に焼肉の油が溜まり、発火した。K社長は幹部社員と共に、町内を必死にお詫びに回ったが、近隣住民からは叱られなかったという。

環境整備はさらに、意外な効果があった。

その一つ、一倉門下生の集まり。父の講義は全国で開催、受講の社長方はお互いに初対面も多い。受講常連の社長は、初対面の社長を誘い、十人ほどのグループで飲食をした。その流れでスナックへ。初対面、業種・業態の違う社長たちには共通の話題が少ない。

しかし、ここで環境整備・掃除は全員の共通話題で、皆、話に花が咲き仲間意識ができる。仲良しになってしまう。この集まりでは、掃除のコツも情報交換が行われた。トイレの陶器の便器に付いた黒い汚れは、酸性洗剤でもアルカリ洗剤でも落ちないものがある。どうしたものか？良い情報があった。耐水性の紙ヤスリを使い、削り取る。ただ、紙ヤスリにも粗さが種々あり、どれを使うか不明。情報は明確に粗さ八〇〇番。これを使用すると見事に汚れが落ちる。しかも陶器製便器に傷を付けない。

この集まりの話でとんでもない話を聞かされた。ある社長が便器を徹底的に磨き上げ、ジッと見つめ、「便器に握りメシを置き、それを食べた」――得度状態ではないか。

環境整備の基本認識によく使われた言葉がある。

――「形より入り、心に到る」

さて本書は目標管理の話である。目標をつくる。この目標に向かい計画を立てる。「計画通りに行かない。だから目標への計画は無意味だ」。もっともな所見であるが、父は「計画通りに運ばないことが大切だ」と言っていた。計画を立てるとき、それは社長の技量にかかっている。

市場の情勢を見て、我が社の能力を考え、計画する。計画通りに行かないことは何を意味するのか。それは我が社と社長の考え方と市場にズレがあるからだ。

計画通りに行かないのは、このズレ。我が社・社長の考え違いを教えてくれる。変転する市場の目盛りと我が社の目盛りの違いが分かる。あとは我が社と市場の目盛りに合わせる努力ができる。おのずと我が社は何をしたらよいのか。目標と我が社の現在位置。ズレはこの現在位置が違っていることを教えてくれる。

例えば、ベーカリー。あんパン、調理パンの売上げ目標が設定され、調理パンは目標を達成しているが、あんパンは目標に届かない。このとき、工場長の判断は調理パンは目標を達成しているから、このままでよい。問題は目標不達成のあんパン。「売上げ目標を達成しているからいいんだ」というところに、大変なことが隠れている。

「いくら売り損なったか」。これは最新の高速コンピューターを駆使しても絶対分からない。そしてあんパンの売上げを何としてでも目標達成する。この間違いはどこにあるのか。何のことはない。お客様の要求があんパンから離れ、調理パンに移行している。打つ手はあんパンの減産と調理パンの増産。

ではどこまで減産・増産とするのか。簡単な目安がある。どちらも「三つ売れ残る」。ここが目安。言葉を換えると、目標と実績は離すように離すように行動すること。父の言である。

一倉定（いちくら・さだむ）

1918（大正7）年、群馬県生まれ。36年、旧制前橋中学校（現在の前橋高校）を卒業後、中島飛行機、日本能率協会などを経て、63年、経営コンサルタントとして独立。「社長の教祖」「日本のドラッカー」と呼ばれ、多くの経営者が師事した。指導した会社は大中小1万社近くに及ぶ。1999年逝去

ゆがめられた目標管理【復刻版】

2020年11月24日　初版第1刷発行
2021年 3月12日　　　第3刷発行

著　者　一倉 定
発行者　伊藤 暢人
発　行　日経BP
発　売　日経BPマーケティング
〒105-8308
東京都港区虎ノ門4-3-12
装丁・本文DTP　エステム
印刷・製本　図書印刷株式会社

本書籍に関するお問い合わせ、ご連絡は下記にて承ります。
https://nkbp.jp/booksQA

ISBN978-4-296-10764-3